¡Por fin! Un recurso que nos ayuda a saber (
dolor. Si eres creyente, estoy seguro de que (
pero quizás, como yo, lo has hecho ineficazr
Jesús nos dio para transitar el sufrimiento en
de nuestro Señor fue que los creyentes pudiéramos reflejar su amor y compasión los unos a los otros para traer consuelo en medio del sufrimiento. Sin embargo, la realidad es que muchas veces no sabemos cómo practicarlo a diario. Sinceramente, como Iglesia, hemos fallado incontables veces en representar el corazón compasivo de Jesús ante quien sufre. Creo que este libro es sumamente necesario, pues de forma práctica y sencilla, mi esposa nos ayuda a conocer el corazón de Dios, para ofrecer el perfecto consuelo de Cristo a los que lloran. He visto a Karen practicar lo que escribe, y a mi mismo me ha consolado incontables veces. Al leer este libro, sé que serás bendecido igual que yo.

David González
Pastor, Iglesia Pasión,
Monterrey, México

Siempre he admirado a las personas en mi congregación local que tienen el don de la misericordia; ¡en parte, porque estoy segura de que no lo tengo! La vida cristiana en comunidad, en el contexto de un mundo en pecado, implica sufrimiento compartido. ¿Te sientes inadecuado para consolar a otros? ¿Te falta una paciente compasión por los que sufren? Permite que Karen te ayude, como lo ha hecho conmigo, a identificar el consuelo falso y evitarlo, equipándote para llorar de manera eficaz con hermanos que sufren. Descubre que la motivación para llorar con los que lloran «es también el consuelo supremo por excelencia para todo doliente»: la cruz de Cristo.

Susan Bixby
Pódcast *Crianza reverente*

Llorar con los que lloran no es una opción para el creyente, porque amar no es opcional, y porque fuimos salvados para ser gradualmente transformados a la semejanza de Jesús. Eso incluye aprender a meternos en la piel del que sufre. Extrañamente, este no es un tema del que se hable mucho en las iglesias, al menos no con la profundidad y el tono evangélico con el que Karen lo aborda en este libro. Sus páginas fueron escritas desde el dolor, pero también desde el consuelo que brota de la gracia; te motivarán a colocarte al lado de los que atraviesan el valle sombrío del sufrimiento; y te enseñarán a sufrir con ellos y a consolarlos con el corazón de Cristo y la sabiduría de Su Palabra.

Sugel y Gloria Michelén
Iglesia Bíblica del Señor Jesucristo,
Santo Domingo, República Dominicana

Recomendar un libro es siempre un privilegio. Pero es un bien aún mayor cuando ese libro habla a tu corazón. Ese es el caso del ejemplar que hoy tienes en tus manos. En sus páginas, la autora no solo comparte experiencias personales, sino que también nos confronta con una verdad atemporal: los creyentes somos llamados a actuar con compasión; con la misma compasión con la que Cristo nos mira y nos trata. En *Llora con los que lloran* encontrarás primero un espejo que nos muestra nuestra condición, y a través de las Escrituras verás la compasión, el dolor y las implicaciones que tiene el evangelio en algo tan real como el sufrimiento. Es un libro práctico para la vida cotidiana y llorar con el que sufre, ofrecer un hombro donde recostar la cabeza y sostener su mano cuando huelgan las palabras. No tengo dudas de que esta lectura será de gran bendición para la Iglesia de nuestra generación.

Wendy Bello
Escritora y conferencista
Autora de *Un corazón nuevo, Una mujer sabia* y
Decisiones que transforman, entre otros

Tuve el privilegio de conocer a Karen justo durante su primer año de haber nacido de nuevo, de haberse encontrado personalmente con Dios. Recuerdo su fe como un fuego consumidor, imposible de esconder y contagioso. Han pasado casi diez años, y su fe ha sido probada de diversas maneras, pero, para el corazón encendido, el fuego de la prueba no lo apaga, sino que lo aviva y esto me recuerda la historia de aquellos tres jóvenes en medio del horno. Mi oración es que al leer sobre el testimonio de una fe probada y las riquezas que Karen ha ganado de Cristo en los momentos de dolor propios y de otros, tu fe sea afirmada, fortalecida y retada a ver en la prueba una oportunidad para conocer y dar a conocer a Cristo, nuestro perfecto Consolador.

Majo Solís
Cantante y oradora, autora de *Cristo en todo*

En un mundo lleno de dolor y confusión, que desea escuchar que todo estará bien, este trabajo comparte un mensaje más importante. Necesitamos escuchar que afrontaremos dolores en este mundo caído, pero que tenemos consuelo por medio del evangelio de Jesucristo. Este libro no apunta solo al mensaje del consuelo, sino a buscarlo en la vida de comunidad que nos brinda la iglesia. Deseamos mensajes optimistas porque nos gusta mantener nuestras vidas privadas, pero el evangelio nos dice que nuestra esperanza en el dolor es caminar junto a otros que han sufrido y pueden compartir la esperanza que los sostuvo. Recomiendo este escrito a todo creyente, ya que todos experimentaremos dolor en algún momento, y todos necesitamos el consuelo que solo se puede recibir cuando vivimos en comunidad. Aunque no conozco personalmente a la autora, conozco al mismo Dios que ella presenta en este necesario escrito. Espero que muchos puedan beneficiarse de él.

Joselo Mercado
Pastor principal de Iglesia Gracia Soberana, Maryland
Máster en estudios teológicos
Autor de *Sabiduría y poder, ¿Hasta cuándo,
Dios?* y *Conciencia cristiana*

Yo también me he encontrado sin saber qué decir frente a hermanos que me revelan su dolor y la aflicción que están viviendo. Peor aún, muchas veces me he lamentado de haber dicho algo que no debí, de haber hablado muy rápido y no poder dar ninguna consolación eterna. Por eso doy gracias a Dios por *Llora con los que lloran*, porque me ha edificado como individuo y como pastor a saber cómo señalar a Aquel que murió en el madero, en vez de dar un consuelo barato. Sin duda, voy a recomendar este recurso a todos los consejeros de mi congregación.

Jairo Namnún
Pastor Iglesia Piedra Angular, República Dominicana
Máster en Teología del Southern Baptist Theological Seminary
Autor, *La libertad de perdonar,
Lo que Dios unió, La Biblia responde*

Karen ha expuesto una falta verdadera que prevalece en las iglesias modernas. Parece una contradicción que, aunque vivimos en un mundo caído donde el dolor predomina, no sabemos cómo manejarlo ni cómo ayudar a otros en esta situación. Dios es quien nos consuela, ¡y debemos portarnos como caminos que guían a otros hacia Él! Tenemos que usar las respuestas en las Escrituras. Cristo es nuestra respuesta y confiamos en el propósito que Él tiene para el dolor, y que resultará en nuestro bien. Con mucha perspicacia y amor, la autora revela nuestra incompetencia para consolar, mientras nos dirige al único que sí es competente, Cristo mismo. Este libro es muy necesario y presenta consejos sumamente bíblicos y que demuestran un corazón compasivo, humilde y amoroso. Nuestro Dios y Su Palabra nunca fallan, y Karen nos lleva al corazón mismo de nuestro Salvador. Es un libro que podemos usar como un espejo para evaluar nuestros corazones, y lo recomiendo con muchas expectativas.

Catherine Scheraldi de Núñez
Presentadora del programa *Mujer para la gloria de Dios*
Autora, *Mujeres de influencia, Por amor de Su nombre,
El ministerio de mujeres*

Incontables creyentes sufren en soledad. Tristemente, la iglesia muchas veces no logra traer verdadero consuelo porque no está equipada para ello, o porque está demasiado ocupada en otras cosas o, peor aún, por indiferencia. Karen Garza ha escrito un libro en el cual abre su corazón al tema del sufrimiento, analizando sus raíces y encontrando el bálsamo en Aquel que sufrió por nosotros: Jesús. Estoy seguro de que será de tremenda bendición para los que buscan consolar y también para quienes buscan consuelo.

Dr. Emanuel Elizondo
Editor en jefe de Biblias Holman,
pastor en Vida Nueva Apodaca

Es paradójico que, aunque el sufrimiento sea parte inherente de la experiencia humana, no sepamos cómo lidiar con el dolor personal ni con el lamento de quienes amamos. Este libro no solo te enseñará a caminar con otros en la senda de la aflicción, sino que también despertará tu corazón a las realidades del evangelio y te guiará al Consolador. Con un lenguaje sencillo y de lectura fácil, Karen te presenta verdades teológicas transformadoras que te ayudarán a procesar tu quebranto (y el de otros) a la luz de la Palabra de Dios.

Betsy Gómez
Autora de *Una vida al revés, Joven verdadera, Soy niña*

Escribir sobre cómo afrentar el sufrimiento no es una tarea fácil. Se requiere honestidad, vulnerabilidad, empatía y una cercanía al tema que pocos quisieran tener. En su libro *Llora con los que lloran*, Karen Garza nos invita a adentrarnos en el doloroso pero vital tema de saber sufrir y acompañar a aquellos que sufren. De manera franca, espiritual y directa, Karen escribe con la experiencia de quien ha tenido que navegar las duras olas del mar del sufrimiento, pero a la vez con la certeza del que ha encontrado esperanza firme y genuina, no solo para enfrentarse al dolor propio, sino también para acompañar sabia y compasivamente a otros que sufren. En las páginas de este libro encontrarás vivencias dolorosas, verdades bíblicas, principios prácticos, pero sobre todo un claro entendimiento de que no hay mayor consuelo que Jesucristo, el Varón de dolores, y Su obra de salvación en nuestra vida.

Sergio Villanueva
Pastor de Iglesia del Pueblo en West Chicago

LLORA
CON LOS QUE
LLORAN

CÓMO CAMINAR CON OTROS EN SU DOLOR

LLORA
CON LOS QUE
LLORAN

KAREN GARZA

B&H
PUBLISHING®
BRENTWOOD, TENNESSEE

DEDICATORIA

A mi David, fiel compañero en dolores y amores,
mi faro de esperanza en noches oscuras.

A mi Anke, dulce amiga en el entramado de vidas compartidas,
como hilos de un mismo tapiz.

A mis padres, ancla firme en mis aflicciones,
mis maestros iniciales en la compasión.

A mi Dios, amado consuelo y Consolador,
Guardián de mis lágrimas, siempre conmigo.

Lágrimas de Dios

David & Karen

Verso 1
Hubo un hombre a quien Jesús
llamó amigo,
Uno al que profundamente Él amó;
Pero un día oscuro gravemente
enfermó
Hasta que la luz en sus ojos se apagó.

Coro 1
Jesús teniendo el poder
para de la muerte a Lázaro traer,
Jesús teniendo el saber
De que viviría Su amigo otra vez
No dejó intacto Su corazón.
Sin vergüenza Él nos mostró:
Las lágrimas de Dios.

Verso 2
Hay un Dios que nos ha llamado amigos
Quien al ver dolor se encarnó y sufrió;
En el Calvario nuestros pecados Él cargó
Para que un día no suframos, Él murió.

Coro 2
Jesús, teniendo el poder
Para el pecado y la muerte vencer;
Jesús, teniendo el saber
De que viviremos con Él otra vez,
No deja intacto Su corazón.
Ante el dolor Él llora hoy,
Las lágrimas de Dios

Verso 3
Nuestras lágrimas no son
menospreciadas.
Para Él nuestro dolor es Su dolor.
Su santo corazón no es indiferente
Porque Su poder no impide Su
compasión.

Coro 3
Oh Señor, ven y cámbianos.
Que nuestro poder no enfríe el amor;
Señor, enséñanos
A que el saber no ignore el clamor.
Danos hoy Tu corazón,
Para mostrar a otros hoy:
Las lágrimas de Dios.

ÍNDICE

PARTE 1
CONSOLADORES ARTIFICIALES:
REMEDIOS QUE HIEREN

PARTE 2
EL GRAN CONSOLADOR:
¡DALES A CRISTO!

PARTE 3
EL CONSUELO EN ACCIÓN:
¡IMITA A CRISTO!

PREFACIO

¿Por qué un libro sobre llorar con los que lloran?

«**E**s imposible que conciban». Aún puedo sentir el brinco en mi corazón cuando nuestro doctor pronunció estas palabras. Estoy segura de que nadie está preparado para recibir esta noticia. Han sido años difíciles de asimilar esta realidad, y la verdad es que pocos han sabido llorar con nosotros. No me malentiendas, no estoy tratando de culpar a nadie ni guardo rencor contra alguna persona. Acompañar a alguien en su dolor es difícil, y yo misma tengo que reconocer que tampoco he sabido llorar con los que lloran en más ocasiones de las que me gustaría admitir.

Recuerdo todavía esa noche gris, cuando mi querida amiga Anke me dio la noticia de que le quedaba poco tiempo de vida a su mamá. Nos abrazamos, trajimos a nuestra memoria algunas verdades bíblicas y lloramos juntas. A pocos meses de la partida de su mamá, recibimos una llamada de su esposo en la madrugada para informarnos que su papá había fallecido. ¡Me quedé atónita! ¿Cómo podía acompañar a mi amiga en este tiempo tan oscuro para ella? ¿Qué le podía decir? ¿Qué podía hacer para aliviarla? Las palabras se quedan cortas en esos momentos, las frases de ánimo suenan huecas y hasta las visitas bienintencionadas parecen inoportunas. No sabemos cómo acompañar a otros en sus dolores. ¡Con razón muchos huimos de los que lloran! Pero al hacerlo, estamos dejando afuera a los que precisamente Dios tiene en Su corazón.

Existen muchos libros sobre el sufrimiento, pero muy pocos sobre cómo sufrir con el que sufre. El tema del sufrimiento suele llevarnos a pensar en primera persona. Pasamos mucho tiempo buscando consuelo y esperanza personal, y eso es bueno y necesario. Sin embargo, a veces nos encontramos tan inmersos en nuestras propias circunstancias que olvidamos que también hemos sido llamados a llorar con los que lloran (Rom. 12:15). La Iglesia y el testimonio de Cristo han sido afectados precisamente por no saber cómo sufrir con los que sufren, y por eso, este tema se vuelve relevante para todos nosotros.

No pretendo ser una experta en llorar con los que lloran. Por el contrario, si puedo ser sincera contigo, te confieso que he derramado lágrimas por ver lo lejos que estoy del corazón de Jesús por el que sufre. Sin embargo, lo que sí puedo decir que soy, por la gracia de Dios, es una hija de Dios que ha sido una receptora constante de Su consuelo, una hermana que ha gozado de hombros de otros donde llorar y una amiga que ha tenido el privilegio de dar de la gracia que ha recibido. Reconozco que todavía me falta mucho por aprender y crecer en este tema. Hannah Anderson lo dijo perfectamente: «Mis libros no son un reflejo de lo que soy ahora, sino de quién tengo la esperanza de llegar a ser».[1] Te invito a que te aventures conmigo en este viaje en donde buscaremos ser reflejos más fieles de la compasión de Cristo por los demás.

Llora con los que lloran busca contrastar el corazón y el consuelo de Cristo para los que sufren con nuestros propios corazones y consuelos, para que aprendamos a llorar con los demás, y no solo eso, sino también a celebrar, disfrutar y asombrarnos de nuestro buen Dios que nos dio el privilegio de caminar con otros en sus dolores, tal como Él lo hace con nosotros.

---

[1] Esta cita de Hannah Anderson ha sido reproducida en múltiples oportunidades, pero no se ha podido señalar una fuente específica. Sin embargo, en una comunicación personal con la autora, ella misma no reconoce exactamente cuándo la dijo, pero reafirmó su autoría.

INTRODUCCIÓN

SUFRIMIENTO INEVITABLE, CONSUELO NECESARIO

Estoy segura de que la realidad del sufrimiento en esta vida no es noticia para ti. Sea cual sea nuestro estado civil, la cantidad de dinero que tengamos en nuestras cuentas, el número de amigos que tengamos o el puesto del que gocemos en nuestro trabajo, el sufrimiento es inevitable. El sufrimiento es la experiencia más universal de este mundo quebrado desde la caída de nuestros primeros padres (Gén. 3). Por eso es necesario que el consuelo sea una parte esencial en nuestras relaciones.

El pecado no solo nos trajo muchos sufrimientos, sino que también vino a cegarnos al sufrimiento de los demás. Nos lleva a ser egoístas, cortos en nuestro amor, apáticos ante el dolor de los demás y amantes de nuestra propia comodidad. Estos efectos del pecado son enemigos mortales del consuelo. Necesitamos volvernos al viejo madero para recordar el profundo amor con el que Cristo nos amó, y así amar a los demás con ese mismo amor sacrificial y extender el consuelo necesario al corazón doliente.

He podido comprender que Dios ama a cada alma individualmente y se duele con sus dolores. Él ama a Enrique, quien llora porque acaba de perder a su hijo, y también a Andrea, quien solloza en silencio por el cáncer que acaban de diagnosticarle. Ama a Yolanda, que llora la pérdida de su esposo, y ama a Diego, quien se siente incapaz y solloza porque no puede solucionar sus problemas económicos. Ama a Ruth, cuando ella gime por las adicciones de su esposo, y ama a Sonia, quien llora por sus pecados. Ama a Nancy, que sufre por la condición de su matrimonio, y ama a Fernando, cuya relación con su padre lo hace llorar mientras conduce. Ama a Luisa, quien llora por la salvación de su familia, y ama a Andrés, que está desconsolado por haber terminado con su novia. Ama a Ivana, quien llora por la pérdida de su perrito; ama a Gaby, quien se siente impotente ante el interminable proceso de adopción, y también a Víctor, quien no encuentra alivio para el dolor en su cuerpo y ha perdido la esperanza de una sanidad.

Todas estas son situaciones que causan dolor; por ende, son situaciones donde el consuelo es necesario. Sin embargo, muy rápidamente somos tentados a evaluar el sufrimiento de los demás según nuestra propia opinión y estándar, y dependiendo de nuestra evaluación, decidimos si extendemos o retenemos nuestro consuelo. Solemos hacer esto porque olvidamos que estamos tratando con diversas personas hechas a la imagen de Dios, y con el complejo tema del corazón humano. ¡Gracias a Dios por Su infinita compasión! Delante de Él, el dolor es dolor. No nos damos cuenta de que consideramos exagerada la obra de Jesús cada vez que menospreciamos el dolor de los demás. El dolor es tan real como la cruz. Por lo tanto, si hemos disfrutado los beneficios reales del consuelo de Dios en Cristo, entonces respondamos a la tierna invitación que el Señor nos hace de aprender a llorar con los que lloran y de extender el debido consuelo a los dolidos.

Me atrevo a decir que la mayoría de las heridas que hemos causado como iglesia han sido por no saber llorar con el que llora. Las palabras imprudentes y carentes de gracia que han salido de nosotros, las palabras que debimos decir y jamás fueron dichas, los ojos que nunca se empañaron ante el dolor ajeno y los abrazos que jamás dimos, nuestra ausencia cuando debíamos brindar compañía, nuestra falta de servicio y nuestras demandas insensibles son tan solo algunos ejemplos de esa realidad que debería avergonzarnos como pueblo de Dios. Debemos comprender que no saber llorar con los que lloran no es algo neutral. No es dejar sin beneficio al que sufre; es perjudicarlo. No saber llorar con el que sufre es algo que lo lastima.

Es muy probable que conozcas a alguien que haya sido lastimado por la ausencia de consuelo de parte de su congregación, o quizá se trata de ti mismo, pero ¿qué pasaría si te dijera que la iglesia que Dios tiene en Su corazón llora y consuela desde un corazón compasivo y amoroso? Sí, la iglesia que Dios nos ha llamado a ser debe verse más como una casa de consolación que como una casa para los que lo tienen todo resuelto.

Hemos sido llamados a ser una extensión de la compasión de Cristo en esta tierra. Somos testigos al mundo de Su carácter y amor. ¿Qué estamos comunicando de Él a este mundo roto?

La cruda realidad es que nuestro problema no es simplemente uno de ignorancia, sino de amor. Mi falta de oración por Nancy y su matrimonio, mi imprudencia ante el cáncer de Andrea y mi falta de generosidad con Diego, antes que nada, son evidencias de mi falta de amor por mi prójimo.

Sé lo doloroso que puede ser leer lo que acabo de decir. Si eres como yo, puedes hundirte en pensamientos de tristeza e insuficiencia, pero ten ánimo. Si tienes este libro en tus manos, doy por hecho que tienes el interés de aprender a amar mejor a tu prójimo en sus lágrimas, lo cual en sí mismo ya es un deseo divino implantado en ti.

Uno de mis propósitos al escribir este libro es que podamos darnos cuenta de la necesidad de compasión a nuestro alrededor, y de nuestra dependencia de Dios para poder amar mejor a nuestro prójimo. Este es un tema muy importante para nosotros, ya que Jesús nos enseñó que toda la ley se resume en dos mandamientos:

«AMARÁS AL SEÑOR TU DIOS CON TODO TU CORAZÓN, Y CON TODA TU ALMA, Y CON TODA TU MENTE [...] y el segundo es semejante a este: AMARÁS A TU PRÓJIMO COMO A TI MISMO...» (Mat. 22:37-39).

Solo cuando amamos de verdad podemos llorar con los que lloran. Sin amor, es imposible llevar una vida de piedad verdadera. El amor fraternal nos capacita para caminar alegremente y hombro a hombro con los demás en sus dolores. Para ello es necesario tomar cada día el antídoto contra el egoísmo de nuestra alma: el amor de Dios.

En este libro, haremos un recorrido por los consuelos artificiales que normalmente damos y recibimos; después, transitaremos el gran consuelo de Dios y, por último, el consuelo de Dios encarnado. Mi oración es que cada capítulo te lleve a asombrarte del amor de Dios y te convenza plenamente de que Cristo mismo es lo mejor que puedes ofrecerle al que llora.

Quisiera aclarar que cuento muchas historias reales y otras ficticias para ilustrar los temas. He cambiado los nombres y algunas circunstancias de las historias reales para mantener la privacidad de los testimonios. Este libro trata de las relaciones interpersonales, por lo cual te animo a invitar a alguien más a leerlo contigo. Al final de cada capítulo, diseñé unas preguntas que propiciarán conversaciones más profundas y ayudarán a tomar pasos prácticos juntos. Te recomiendo que no te las saltes, pues este paso puede ser el puente entre la teoría y la práctica en tu propia vida.

Por último, quiero decirte que confío plenamente en la obra del Espíritu Santo en Su Iglesia. Sé que, por más oscuro que se vea el panorama, Él sigue perfeccionándonos a imagen de Jesús. Alabo a Dios por las personas de las que me ha rodeado, amigos que han llorado conmigo y cuyos consuelos me han sido más dulces que una vida sin lágrimas. Si Dios los ha usado como una extensión de Su consuelo y amor, también lo puede hacer a través de ti. Oro para que Dios nos ayude a amar más y a atesorar la gran gracia de Dios de darnos los unos a los otros en nuestras adversidades.

Oh Maestro, que no me empeñe tanto en ser consolado, como en consolar; en ser comprendido, como en comprender; en ser amado, como en amar; pues dando se recibe, olvidando se encuentra, perdonando se es perdonado, muriendo se resucita a la vida eterna. —San Francisco de Asís (oración franciscana)

PARTE 1

CONSOLADORES ARTIFICIALES: REMEDIOS QUE HIEREN

CONSOLADORES CANTANTES: CUANDO DEJAMOS FUERA A LOS QUE LLORAN

Como el que quita la ropa en día de frío,
o como el vinagre sobre la lejía,
es el que canta canciones a un corazón afligido.
(Prov. 25:20)

odavía recuerdo cuando mis familiares y amigos me preguntaban si alguna tragedia me había sucedido como para que hubiera empezado a asistir a la iglesia. Me preguntaron si acaso estaba enferma, si alguien había roto mi corazón, si había perdido a un ser querido o si mis padres se estaban divorciando. Recuerdo a la Karen de diecisiete años, irritada por estas preguntas, ya que todo estaba «bien» en mi vida (¡excepto por mi gran problema del pecado y mi necesidad urgente de un Salvador!).

Aunque es cierto que el verdadero problema de todo ser humano va más allá de cualquier situación temporal de aflicción, con el paso de los años he encontrado detrás de esas preguntas una perspectiva fascinante con respecto a la iglesia. Es evidente que, de alguna manera, mis amigos consideraban a la iglesia como un lugar de refugio, un lugar donde los afligidos podían encontrar consuelo. Esta idea sobre el papel de la iglesia está bastante generalizado. Lo podemos ver en cientos de películas, series, canciones y libros. ¿Quién no ha visto la escena recurrente de una persona afligida que se va a refugiar a una iglesia para orar y llorar, y después sale algo consolada? Quizás esta perspectiva de la iglesia sea incompleta, sin embargo, hay una verdad maravillosa y bíblica detrás, y es que Dios diseñó a Su iglesia para que fuera un lugar de consolación para el afligido.

Esto es hermoso, pero no siempre es la realidad. No lo fue para Alejandra.

Ella servía fielmente a la iglesia tres días a la semana; era la encargada del ministerio de medios, servía a las viudas y compartía la Palabra ocasionalmente con las mujeres. Alejandra tenía un fuerte sentido de responsabilidad y un gran cariño por la congregación. Se empeñaba siempre en dar la milla extra en su servicio. Jamás faltaba ni hacía su tarea a medias, ni siquiera cuando estaba embarazada. Pero, un jueves por la mañana, todo cambió. Un fuerte dolor en su vientre la preocupó, su esposo no dudó en llevarla de inmediato al hospital y, después de una revisión minuciosa, la doctora pronunció el dictamen más doloroso que una madre puede escuchar: el bebé había fallecido.

Tuvieron que hacerle un procedimiento de urgencia y permaneció internada un par de días. Alejandra y su esposo dejaron la clínica con el corazón roto. Nadie habló en el trayecto de camino a casa. Lágrimas descendían por las mejillas de Alejandra, y Gabriel no dejaba de sostener fuertemente su mano. Sin duda, era el momento más doloroso de sus vidas.

Los días pasaron y la comunidad retomó la agenda eclesiástica en la cual ella estaba involucrada. Su fortaleza era muy conocida, y su celular volvió a llenarse de mensajes sobre tareas pendientes y afirmaciones como: «Lo mejor está por venir», «No estés triste» y «Todo pasa por algo».

Las reuniones dominicales de su iglesia local se caracterizaban por ser muy efusivas y con una alabanza de ritmos alegres. Los líderes de alabanza constantemente exhortaban a los miembros a expresar alegría durante los cantos. El pastor predicaba cada domingo con gran ímpetu sobre las bendiciones de Dios y Sus buenos deseos hacia la congregación. La reunión terminaba con los miembros saludándose y despidiéndose con palabras motivadoras y optimistas.

Alejandra estaba confundida. Todo lo que en otro tiempo amaba de su congregación, ahora la estaba comenzando a abrumar. Su dolor era muy grande y parecía que era la única que estaba sufriendo dentro de la comunidad, lo cual terminaba añadiendo más peso a su dolor. No había día en el que no derramara lágrimas por su pérdida. Mientras lloraba, se llenaba de culpa porque temía dar un mal testimonio y que Dios estuviera molesto al verla todavía sin consuelo a su dolor. Ella conocía la Palabra, y sabía que debía continuar congregándose, pero terminada la reunión, se apresuraba a irse. Le era muy pesado mantener la careta de felicidad que su iglesia esperaba de ella.

Los meses siguientes fueron muy difíciles. Ya no encontraba el ánimo diario para levantarse de la cama. Todo le recordaba su pérdida. Alejandra sabía que necesitaba a la iglesia en este tiempo, pero se sentía demasiado rota como para acercarse. No encontraba las respuestas y el bálsamo que su alma necesitaba en ese momento para sanar sus heridas.

¿Lo puedes ver? Esta congregación se había esforzado tanto por ser un lugar atrayente, de alegría desbordante y con mensaje sumamente positivo que, sin darse cuenta, terminó siendo un lugar irrelevante para la persona que llegaba con el corazón afligido. Habían construido un programa riguroso en el que solo se destacaban la felicidad y la bendición, al punto en que cada asistente terminaba llevando su propia máscara, mientras que otras personas —como Alejandra— simplemente no encontraron las fuerzas para ponerse la suya y pasar inadvertidas durante esas celebraciones. Sin saberlo, estaban dejando fuera al que llora. Es muy posible que no tuvieran malas intenciones. Simplemente, para ellos, la solución era que Alejandra y Gabriel pasaran página y volvieran a ser los mismos de siempre, pero la cruda realidad es que ellos ya no eran los mismos; estaban de duelo y necesitaban espacio para el lamento.

Sí, los cristianos también necesitamos tiempo para el lamento. Entiendo que pueda incomodarnos la simple idea de lamentarnos, porque a nadie le gusta pensar que debamos lamentar una situación dolorosa en nuestra vida por un tiempo. Disfrutamos estar motivados y optimistas, nos gusta la música alegre, soltar carcajadas entre amigos y una reunión dominical ferviente y optimista. Nada de esto es malo en sí mismo, pero la realidad es que solemos disfrutar todo eso hasta que llega la aflicción a nuestra vida.

Como el que quita la ropa en día de frío, o como el vinagre sobre la lejía, es el que canta canciones a un corazón afligido (Prov. 25:20).

Cuando llegué a este versículo durante mi estudio de Proverbios, fue casi como si saltara de las páginas de la Biblia. Me llamó la atención y me llevó a meditar mucho tiempo sobre mi conducta ante el sufrimiento de los demás. Este versículo compara cantarle canciones a un corazón afligido con dos situaciones: desabrigarse en invierno y mezclar vinagre y lejía. Estuve investigando y encontré que, por un lado, al mezclar vinagre con lejía se produce una reacción química que libera un gas tóxico muy perjudicial para la salud. Por otro lado, sabemos que quitarnos la ropa en día de frío nos expone a enfermedades respiratorias. Por lo tanto, pude entender que el texto advierte que cantar canciones alegres a un corazón afligido es inapropiado y dañino para su salud.

Tanto el vinagre como la lejía son productos que sirven para abrillantar, desinfectar y limpiar. Cada uno tiene un efecto positivo, pero es peligroso mezclarlos. Tampoco tiene nada de malo desabrigarse, pero hacerlo de forma imprudente en pleno invierno puede perjudicar nuestra salud. Siguiendo con esta línea de pensamiento, cantar hermosas melodías y letras a un corazón es algo bueno. Incontables corazones han sido conquistados con música; pero cantar canciones alegres a un corazón afligido no ha producido los resultados esperados. La enseñanza del proverbio es que debemos pedirle a Dios sabiduría para saber cómo responder correctamente a las situaciones y las necesidades de nuestro prójimo. Finalmente, este proverbio nos enseña que intentar consolar a alguien con remedios simplistas o sin considerar sus circunstancias no solamente es inefectivo, sino también hiriente.

> *Intentar consolar a alguien con remedios simplistas o sin considerar sus circunstancias no solamente es inefectivo, sino también hiriente.*

Quizás, como yo, te has encontrado aplicando remedios que no sanan, sino que terminan hiriendo a los demás. Quisiste ayudar a tu amigo y lo lastimaste con soluciones superficiales. Tal vez, fuiste impaciente con sus lamentos en tu deseo de verlo alegre nuevamente, o, al no saber qué hacer, evitaste a toda costa tocar el tema doloroso con él. De manera consciente o inconsciente, hemos estado dando un mensaje: no hay lugar para llorar o lamentarse. Este mensaje es dañino, porque la Biblia misma nos enseña que sí hay lugar para llorar:

«Hay un tiempo señalado para todo, y hay un tiempo para cada suceso bajo el cielo: [...]

Tiempo de llorar, y tiempo de reír; tiempo de lamentarse, y tiempo de bailar...» (Ecl. 3:1, 4, énfasis personal).

Habrá muchas oportunidades para llorar y lamentarse dentro del calendario humano, y por eso debemos estar preparados para ser un lugar seguro para los demás que propicie la vulnerabilidad y la sinceridad de las lágrimas compartidas.

Me pregunto cuántos de nuestros consejos, palabras de ánimo y hasta clases o sermones han sido como una canción alegre para el corazón sufriente. Cuántas veces hemos herido a nuestros hermanos por no saber llorar con ellos y simplemente compartir sus tristezas. ¡Qué alejados podemos estar del corazón de Cristo cuando somos insensibles! Cuando el corazón se duele, es tiempo de llorar, y la iglesia debe estar lista para llorar con los que lloran. Es aquí donde reconocemos que el lamento es un tema de suma importancia. Pero los miembros de la iglesia necesitamos saber bien qué significa el lamento, porque considero que un entendimiento equivocado y no bíblico ha producido demasiados malentendidos y ha llevado a muchos a huir del lamento como si fuera falta de fe, y hasta pecado.

CÓMO DEFINIR Y ENTENDER ⋙ EL LAMENTO EN LA VIDA ⋘ DE LA IGLESIA

Definiré el lamento bíblico como el reconocimiento delante de la presencia de Dios del pecado y sus estragos en el mundo. Es la manera en que expresamos con absoluta sinceridad nuestro dolor a Dios. Este lamento bíblico es impensable como una práctica espiritual sana, debido a que la cultura que nos rodea está obsesionada con el lenguaje motivador positivo, la felicidad, el bienestar y las apariencias. El lamento es irrelevante para aquellos que intentan por todos los medios darle la espalda al dolor, y hasta negar su presencia, pero no podemos negar que está en medio de nosotros. Todos los días, somos afectados por los estragos del pecado en la sociedad, en nuestras propias vidas y en las de nuestros seres queridos. Todos los días, experimentamos situaciones que producen dolor de una u otra forma. No se trata de negar el dolor, sino de llevar nuestro dolor al Señor.

La Palabra de Dios recalca la importancia del lamento. Basta señalar que aproximadamente un tercio de los salmos son o contienen lamentos, tenemos un libro completo titulado Lamentaciones y vemos a Cristo mismo lamentándose en los Evangelios. ¡No podemos negar la necesidad del lamento bíblico en nuestras comunidades!

Alejandra y Gabriel necesitaban una comunidad que diera lugar al lamento y que llorara junto con ellos, pero esta iglesia no pudo ofrecer ese espacio porque había olvidado su identidad. Una iglesia que deja fuera al que llora ha olvidado su propio reflejo. Si nos colocamos frente al espejo de la Palabra de Dios, veremos que la iglesia está conformada por personas rotas redimidas por la sangre de Jesús, que formamos parte de un mundo caído, habitamos un cuerpo caído y esperamos pacientemente la restauración de todas las cosas. Somos un organismo conformado por distintos miembros que experimentarán diversas bendiciones, pero también aflicciones hasta el día en que estemos cara a cara con Jesús. Por ende, como iglesia, debemos considerar al dolido en nuestra liturgia y en toda nuestra vida eclesial. Los cantos deben dar oportunidad para el lamento de los afligidos, la predicación debe ser relevante para los sufrientes y el consuelo debe ser una parte habitual del compañerismo. Una iglesia bíblica es una iglesia que practica el lamento.

Es posible que lo que acabo de decirte siga creando un conflicto en tu alma. Quizás pienses en versículos como: «Estén siempre gozosos. Oren sin cesar. Den gracias en todo, porque esta es la voluntad de Dios para ustedes en Cristo Jesús» (1 Tes. 5:16-18), y te preguntes: ¿acaso lamentarnos no es una desobediencia al mandato de estar siempre gozosos? Lo primero que debemos comprender es que el gozo no está divorciado del lamento. El mandato de regocijarse no supone ignorar o negar el pecado en este mundo, sino, por lo contrario, es confiar y deleitarnos en Cristo por Su victoria sobre el pecado. Esto quiere decir que el creyente puede experimentar gozo durante su lamento. En medio de la manifestación de congoja, puede fortalecerse con el gozo que la fe le produce. El cristiano puede lamentarse por su situación temporal y, a la vez, gozarse por su situación definitiva y eterna en Cristo. Podemos dolernos por el pecado en nuestros miembros sin ignorar la gran redención de nuestro cuerpo que nos aguarda. A diferencia de la creencia de que el lamento es una desobediencia al mandato de gozarnos, estoy convencida de que el lamento es una vía de santificación que nos mantiene en el gozo verdadero.

La experiencia de nuestro Señor Jesucristo tampoco es muy diferente en cuanto al lamento. Jesús les dijo a Pedro y a los hijos de Zebedeo en medio de Sus angustias en Getsemaní: «Mi alma está muy afligida, hasta el punto de la muerte; quédense aquí y velen junto a Mí» (Mat. 26:38). Cristo, el gran Pastor de nuestras almas, se encontraba en medio de un dolor agonizante, y quería a Sus amigos cerca. No maquilló Su angustia, más bien, con sinceridad, manifestó Su dolor a ellos y a Dios. Si nuestro perfecto Señor se lamentó con sinceridad frente a Sus discípulos, ¿cuánto más todos nosotros, al ser imperfectos y necesitados, precisamos de una comunidad vulnerable y compasiva donde podamos ser sinceros y llorar?

No debemos confundir esto con el lamento del mundo, que es simplemente una queja angustiosa y sin esperanza. Es el llanto desconsolado que solo sufre sin que haya una luz que permita ver alivio en el futuro. Por el contrario, el lamento bíblico nace de la unión del dolor y la fe. Es el clamor sincero de un corazón que sufre, expone su dolor y dirige su aflicción a un Dios bueno y soberano. El cristiano que se lamenta delante de Dios no es falto de fe, sino que tiene tanta confianza y seguridad en Él que puede expresarle sus angustias y buscar el consuelo, la esperanza y el auxilio que solo puede brindar el Señor. Nuestras congregaciones deben procurar espacios para el lamento que permitan presentarnos juntos como necesitados delante de Dios, y dirigirnos mutuamente a la esperanza eterna que tenemos en Cristo. Ese fue exactamente el consejo de Pablo a la iglesia de Corinto: «Si un miembro sufre, todos los miembros sufren con él; y si un miembro es honrado, todos los miembros se regocijan con él» (1 Cor. 12:26).

EXPERIMENTAR EL LAMENTO BÍBLICO Y EL CONSUELO DE DIOS

Para ninguno de nosotros es atractivo el lamento, pero he aprendido a atesorarlo, porque he experimentado el dulce consuelo de Dios en mi propia vida y he sido testigo de ese mismo consuelo fiel en la vida de mis hermanos. Si no conocemos el lamento bíblico, tampoco experimentaremos el consuelo de Dios. Si no hay lugar para llorar en nuestras comunidades, entonces nos perderemos la oportunidad de testificar del poder consolador de Dios en medio y a través de nosotros. ¡Que Dios nos ayude a ver el lamento como la gran oportunidad de consuelo que Dios nos regala!

Si no fomentamos la sinceridad en nuestras relaciones, no podremos vivir el lamento bíblico. Debemos aprender a ser vulnerables y sinceros para favorecer un lugar donde otros también puedan serlo. No dudemos en pedir ayuda en medio de nuestro propio dolor, y seamos hombros confiables en donde otros puedan llorar. Seamos personas confiables con quienes otros puedan abrir sus almas. Estemos atentos al dolor de los demás y derramemos lágrimas junto con ellos.

Alejandra y su iglesia temían que sus lágrimas fueran un mal testimonio de su fe, pero, en realidad, la mezcla entre su gemir y su confianza en Dios era un altavoz que anunciaba la belleza misma del evangelio de Jesucristo. Su lamento armonizaba con las palabras de Jesús: «En el mundo tendrán aflicción; pero confíen, yo he vencido al mundo» (Juan 16:33, RVC). El dolor todavía acompaña a Alejandra, pero el consuelo de su fe es lo que la ha sostenido hasta ahora.

Solemos pensar que Dios es glorificado cuando llegamos a las grandes cimas de la vida, pero no en los valles sombríos. Creemos que Dios es glorificado en nuestras alegrías y deshonrado en nuestras angustias, pero se trata de una gran mentira. Cristo dio gran gloria al Padre en medio de los dolores del Calvario. El Varón de dolores fue exaltado hasta lo sumo a través de Su costosa y dolorosa obra (Isa. 53:3; Fil. 2:9). La obediencia y confianza de Cristo en medio de Sus sufrimientos complacieron grandemente al Padre. Podemos dar gloria a Dios en medio de nuestras lágrimas al acudir a Él para recibir consuelo. Recordemos esta verdad a nuestros hermanos al desplegar el corazón de Dios que ha manifestado cercanía por el que llora, y no seamos como aquellos que lo representan mal desplegando un corazón impaciente e indiferente hacia ellos.

Dios anhela que Su iglesia sea una casa de consolación para el afligido. La iglesia debe de ser la comunidad más compasiva y amorosa en la tierra, porque los cristianos hemos experimentado la gracia, el perdón, la restauración y la transformación a través de la obra de Cristo. Seamos un lugar seguro para todos sus miembros, incluidos los pastores. Es verdad que existen congregaciones dirigidas por pastores que no dan lugar a las lágrimas, pero también es verdad que muchas ovejas no permiten ni quieren a un pastor que llora. Si entendemos que la cabeza de la iglesia es Cristo y que todos somos miembros de Su cuerpo por pura gracia, entonces sabremos que todos somos ovejas necesitadas de un Salvador. No debemos olvidar las palabras del apóstol Pedro: «Sabiendo que las mismas experiencias de sufrimiento se van cumpliendo en [nuestros] hermanos en todo el mundo» (1 Ped. 5:9), por lo que los pastores también necesitan una comunidad compasiva que provea hombres en los que puedan llorar y ser consolados.

No conozco tu situación ni tu congregación, pero lo que sí sé es que la iglesia que está en el corazón de Dios está compuesta por miembros particulares que aportan al crecimiento de la iglesia con sus dones y sus ministerios concedidos por el Señor. Esto quiere decir que aun si la comunidad que llora con los que lloran está lejos de tu realidad, puedes propiciarla al responder hoy a la tierna invitación de Dios a ser un instrumento compasivo y consolador para tu prójimo.

PREGUNTAS DE REFLEXIÓN

1. Antes de este capítulo, ¿cuál era tu opinión sobre el lamento? ¿Cambió al leer este capítulo?

_____

_____

_____

2. ¿Alguna vez alguien ha compartido sus dolores contigo? Si la respuesta es sí, ¿cómo respondiste? Si es no, ¿por qué crees que nadie lo ha hecho?

_____

_____

_____

3. ¿Alguna vez has compartido con alguien tus dolores? Si la respuesta es sí, ¿qué hizo esa persona para consolarte?

_____

_____

_____

4. ¿Alguna vez hiciste uso de soluciones simplistas que terminaron hiriendo? ¿Cuál crees que fue tu error y cómo responderías ahora?

_____

_____

_____

5. ¿Con qué dos personas puedes ser intencional esta semana para cultivar una relación sincera y vulnerable?

_____

_____

_____

6. ¿Hay alguien a tu alrededor a quien pudieras acompañar en sus lágrimas? ¿Cómo te capacita el amor de Dios para llorar con él?

_____

_____

_____

CONSOLADORES MISERABLES: CUANDO CARGAMOS A LOS QUE LLORAN

¡Oh, vosotros mis amigos, tened compasión de mí,
tened compasión de mí!...
(Job 19:21, RVR1960)

Creí en una familia muy unida y numerosa. Aunque tengo tan solo dos hermanos, tengo catorce tíos y treinta y tres primos. Además, mis padres siempre abrieron las puertas de su casa y sus vidas a personas que ahora también consideramos familia. La casa de mis papás siempre está llena y ha sido testigo de un sinfín de comidas compartidas, risas ruidosas, lágrimas profundas, bailes ridículos y generosidad abundante. Mis padres nos criaron en un ambiente que propiciaba la vida compartida en comunidad, por lo cual crecí anhelando lo mismo para cuando tuviera la oportunidad de formar mi propio hogar. David y yo éramos solo novios, pero ya pasábamos mucho tiempo soñando sobre cómo serían nuestros hijos y cómo sería nuestra dinámica familiar. Éramos muy jóvenes, pero compartíamos el mismo anhelo de formar una familia y ser un hogar para aquellos que Dios pusiera en nuestras vidas. Nos encantaba soñar con nuestro futuro juntos, y eso nos hacía anhelar con vehemencia la llegada de esos días. Por fin, llegó el tan esperado día de nuestra boda. Estábamos viviendo lo que tanto soñamos, pero lo que esos jovencitos jamás imaginaron es que, en Su buena voluntad, el Señor tendría para ellos un camino largo, doloroso y abrumador —pero también santificador y provechoso— de infertilidad.

Mentiría si no dijera que estos han sido años dolorosos producto de las decepciones, frustraciones, pérdidas, temores y desilusiones. La infertilidad puede producir grandes dolores en una pareja debido a que puede afectar muchos ámbitos de su vida: la percepción de Dios, la identidad, el matrimonio, la familia, la vida social, la economía y el futuro. Como cualquier otra aflicción, la infertilidad afecta a la persona, más allá del problema mismo. Esa es la razón por la que debemos ser cuidadosos en nuestro trato con cualquier persona que sufre, porque el dolor nunca es tan simple como parece.

Recibimos muchos comentarios en medio de los momentos más difíciles de nuestro sufrimiento. Muchos no tenían una mala intención, pero añadieron peso a nuestra carga. Aunque intentaban dar una explicación a nuestra infertilidad y deseaban que experimentáramos el gozo de la paternidad, esas palabras nos llevaron a beber el trago amargo de la culpabilidad y la condenación que producen el legalismo y el moralismo.

EL LEGALISMO Y EL MORALISMO COMO CONSUELOS ARTIFICIALES

El legalismo y el moralismo son de los consuelos artificiales más frecuentes que recibe el que sufre. Quizás no conozcas estos términos, pero muchos de nuestros consejos e ideas están plagados de estas tendencias. Somos muchos los que crecimos con una cosmovisión supuestamente cristiana que puede explicarse en términos de recompensa y castigo; es decir, a los buenos les va bien y a los malos les va mal. Esta percepción de la vida hace que todos los sufrientes sean responsables del sufrimiento y su castigo, mientras que los demás son recompensados con una vida carente de sufrimiento por sus buenas obras. Estas dos tendencias muestran a Dios como una especie de Santa Claus con una balanza cósmica donde pesa nuestras obras. Dependerá de hacia dónde se incline la balanza para que uno reciba recompensas o castigos. John Piper define el legalismo como «la convicción de que el cumplimiento de la ley es la base de nuestra aceptación con Dios. La base de que Dios está con nosotros y no contra nosotros».[1] Tim Keller define el moralismo como:

... la visión de que eres aceptable (para Dios, el mundo, los demás, tú mismo) a través de tus logros. Los moralistas no necesariamente son religiosos, pero a menudo lo son. Cuando lo son, su religión es bastante conservadora y está llena de reglas. A veces, los moralistas ven a Dios como muy santo y justo. Este punto de vista conduce al (a) el autodesprecio (porque no dan la talla) o (b) a la autoexaltación (porque creen que han cumplido con los estándares). Es irónico que los complejos de inferioridad y superioridad tengan la misma raíz. Que el moralista termine siendo engreído y superior o aplastado y culpable solo depende de qué tan altos sean los estándares y de sus ventajas naturales, como la familia, la inteligencia, la apariencia, la fuerza de voluntad. Las personas moralistas pueden ser profundamente religiosas, pero carecen de alegría y poder transformadores.[2]

A nadie le gusta ser tildado de legalista. Por eso solemos decir: «Bueno, yo no soy legalista. Sé que soy aceptado por Dios solamente por Su gracia». Sin embargo, cuantos más años llevo en Cristo, más me doy cuenta de que todos luchamos con un legalista interior al que debemos derrotar diariamente. Podemos tener muy claro que solo somos salvos por gracia mediante la fe en Cristo, pero aun así tener actitudes legalistas y moralistas en nuestro corazón hacia los demás e incluso hacia nosotros mismos. Por ejemplo, podríamos

[1] John Piper, *What Is Legalism?* https://www.desiringgod.org/interviews/what-is-legalism

[2] Tim Keller, *The Centrality Of The Gospel.* https://redeemercitytocity.com/articles-stories/the-centrality-of-the-gospel

creer que nuestro hermano que sufre ha sido salvado por la obra de Cristo, pero también pensar que su sufrimiento se debe a su desempeño débil e insuficiente para con la ley o la moral. Podemos creer que Dios ve con agrado al creyente cuando está en tiempos buenos, pero que percibe con fastidio y desagrado al creyente que sufre por alguna razón.

Regresando a nuestro caso, algunos hermanos amados nos dijeron que la infertilidad nos había sobrevenido debido a pecados ocultos. Otros nos dijeron que era porque no habíamos rendido este tema a Dios. Nos decían que, en el momento en que lo hiciéramos, Dios nos daría hijos. Otros señalaron que nuestra falta de fe impedía que Dios nos diera el milagro de la concepción. Todos esos comentarios reflejan una cosmovisión de castigo y recompensa. Si cumplíamos la ley o nos comportábamos de cierta manera, entonces no sufriríamos, Dios estaría a nuestro favor y no contra nosotros. Solo entonces podríamos tener hijos. En otras palabras, nosotros éramos culpables de nuestra infertilidad.

No puedo negar que esos comentarios nos lastimaron. Mi corazón se llenó de temores, condenación y cuestionamientos a mi dolor. Por un tiempo, me cuestioné si Dios realmente se complacía en mí, porque se me metió a la cabeza la idea de que Dios no me daba hijos como castigo por mis pecados, y porque sabía de antemano que sería una mala madre. Pasé mucho tiempo intentando resolver el dilema de mi corazón mientras me preguntaba si Dios estaría enojado conmigo o si realmente me amaba.

Recuerdo también el abatimiento y la pesadumbre que sentí cuando me decían que Dios no me daba hijos porque todavía me aferraba a ellos. Pero realmente estaba haciendo mi mayor esfuerzo para rendirle al Señor mi deseo de tener hijos, aunque parecía que mi entrega nunca era suficiente. También me sentía una muy mala cristiana porque, al parecer, no tenía la suficiente fe como para que Dios obrara en mi vida. Estos «consuelos» terminaron cargando mi alma más que la infertilidad misma.

No soy la primera que ha recibido estos consuelos hirientes. Estos son tan antiguos que podemos encontrarlos en el libro de Job, una historia generalmente considerada como una de las más antiguas de las Escrituras.

Job debió haberse lamentado y sufrido mucho porque, en un solo día, perdió su ganado, sus siervos, sus hijos y su salud. No puedo ni imaginar el dolor que este hombre experimentó en ese período tan corto de tiempo. Mi corazón se estremece cada vez que recorro las páginas que describen el dolor de mi hermano Job. Sin duda, sus amigos también se dolieron mucho con él. Se apuraron a llegar a él para condolerse y consolarlo. A diferencia de lo que popularmente se opina de ellos, estos hombres manifestaron distintas virtudes de una amistad verdadera. Se apresuraron a acompañarlo tan pronto se enteraron de la condición de su amigo. Se pusieron de acuerdo para visitarlo y, en cuanto lo vieron de lejos, levantaron sus voces, rasgaron sus vestiduras en señal de lamento y lloraron en voz alta. También pasaron siete días sentados en el suelo junto con Job sin pronunciar palabra alguna, porque veían que su dolor era muy grande (Job 2:11-13).

¿Quién no querría tener amigos así? Realmente parecen muy buenos. No me atrevería a decir con certeza que estos hombres tenían buenas intenciones y un gran afecto por Job, pero lo que no podemos negar es que acompañar a Job en su desgracia, llorar con él, ser generosos con su tiempo y salir de la comodidad de sus propias vidas para pasar siete días sentados en la tierra en silencio con este pobre hombre fueron actos sacrificiales y dignos de notar, honrar e imitar. Ojalá aprendiéramos de su ejemplo.

Mientras permanecieron callados, todo iba bien. Cuando empezaron a hablar, erraron. Hablaron de manera descuidada y terminaron siendo, en palabras de Job, «consoladores molestos» (Job 16:2) o como dice en la versión NIV en inglés: «consoladores miserables». ¿Cuál fue el error de estos amigos? Creo que quizás se dejaron dominar por la impaciencia, la imprudencia, el orgullo y el legalismo en sus corazones. Ellos fueron pacientes con Job hasta que él empezó a lamentarse delante de ellos. Como vimos en el capítulo anterior, el lamento suele incomodar y nuestra incomodidad nos hace actuar con mucha insensibilidad. Damos gracias a Dios porque nunca se incomoda con nuestros lamentos. Sin embargo, el lamento de Job llegó hasta los huesos de sus amigos, irritándolos y provocando que levantaran acusaciones graves contra él. El primero que responde al lamento de Job es Elifaz:

«Recuerda ahora, ¿quién siendo inocente ha perecido jamás?
¿O dónde han sido destruidos los rectos?
Por lo que yo he visto, los que aran iniquidad
Y los que siembran aflicción, eso siegan» (Job 4:7-8).

En otras palabras, Elifaz está diciendo que los inocentes no sufren. Si Job está sufriendo, entonces no es inocente, sino culpable. En conclusión, Job está sufriendo como castigo por su pecado. Caso resuelto.

Después, entra en escena Bildad:

... *«¿Hasta cuándo hablarás estas cosas,*
Y serán viento impetuoso las palabras de tu boca?
¿Acaso tuerce Dios la justicia
O tuerce el Todopoderoso lo que es justo?
Si tus hijos pecaron contra Él,
Entonces Él los entregó al poder de su transgresión» (Job 8:1-4).

Bildad le dice a Job algo como esto: «Dios es justo; por ende, tus hijos y tú recibieron su merecido». Imagínate cómo habrán caído estas palabras en el corazón de Job. La primera descripción de Job nos dice que cada día se levantaba temprano para ofrecer holocaustos conforme al número de sus hijos. Su motivación era evidente: «Quizá mis hijos hayan pecado y maldecido a Dios en sus corazones» (1:5). La rectitud de sus hijos era una constante preocupación para Job, y ahora su amigo le estaba diciendo que sus hijos murieron como castigo por sus transgresiones. ¡Vaya manera de consolar a este padre en duelo!

Por último, Zofar toma la palabra, diciendo:

«Si diriges bien tu corazón
y extiendes a Él tu mano,
Si en tu mano hay iniquidad y la alejas de ti
Y no permites que la maldad more en tus tiendas,
Entonces, ciertamente levantarás tu rostro sin mancha,
Estarás firme y no temerás.
Porque olvidarás tu aflicción,
Como aguas que han pasado la recordarás.
Tu vida será más radiante que el mediodía,
Y hasta la oscuridad será como la mañana.
Entonces confiarás, porque hay esperanza,
Mirarás alrededor y te acostarás seguro.
Descansarás y nadie te atemorizará,
Y muchos buscarán tu favor.
Pero los ojos de los malvados languidecerán,
Y no habrá escape para ellos;
Su esperanza es dar su último suspiro» (Job 11:13-20).

Zofar contesta a Job de una forma menos directa, pero al final, la acusación es la misma que la de sus amigos: Job es malo y por eso le sobrevino tal calamidad. Para Zofar la respuesta para terminar con el sufrimiento de Job es el arrepentimiento. Si se arrepiente, será bendecido, y si no lo hace, morirá. Es verdad que la Palabra enseña que Dios bendice al humilde arrepentido, sin embargo, el problema es que Zofar estaba equivocado al suponer que la aflicción de Job era consecuencia de su pecado. También se equivocaba al suponer que no le sobrevendría ninguna aflicción si se guardaba en rectitud.

Lo que para estos tres amigos fueron palabras de exhortación y consuelo, para Job terminaron siendo cargas dolorosas para su alma ya acongojada por el sufrimiento. Me impacta mucho que ellos hayan ido donde estaba Job para condolerse y consolarlo, pero terminaron siendo llamados *consoladores miserables* por Job mismo. Me imagino lo bueno que debe haber sido para Job gozar de la presencia de sus amigos por siete días. Esa compañía seguramente lo llevó a sentir tal confianza que estuvo dispuesto a desnudar su alma delante de ellos para expresar lo que pasaba por su corazón. Sin embargo, bastaron sus primeras palabras para poco después encontrarse acorralado y acusado ante el tribunal de sus amigos.

Job necesitaba compañía y consuelo, pero sus amigos solo agregaron a la pesada carga que ya llevaba sobre su alma. Fueron consoladores miserables ya que se impacientaron con Job, lo abrumaron con sus acusaciones y fueron orgullosos al pensar que comprendían a Dios y Su obrar. Cuán lejos estaban del corazón de Dios hacia Job. Gracias a Dios, podemos conocer la opinión del Señor con respecto a Job (1:6-12; 2:1-6). Dios abre el telón y nos invita a ver la realidad espiritual tras bambalinas. Exalta a Job y se refiere a él con las siguientes palabras: «No hay ninguno como él sobre la tierra; es un hombre intachable y recto, temeroso de Dios y apartado del mal» (1:8). Sin embargo, sufrió como pocos.

Podría recalcar que, dentro del discurso de los tres amigos, se destaca su cosmovisión de castigo y recompensa. Su creencia sobresaliente es que Job estaba sufriendo porque algo había hecho mal. Con ese entendimiento equivocado, su consejo se basó en que Job admitiera su pecado para que así Dios lo aceptara y lo volviera a bendecir. Ellos consideraban que a los malos siempre les iba mal y a los buenos, siempre bien. Pero sabemos que esto no siempre es así. La vida no es tan simple, y sin duda, lo que planteaban sus amigos no era el caso de Job. Como si fuera poco lo que Dios nos mostró en Sus primeras palabras con respecto a Job, después de estos consejos hirientes, interviene impetuosamente y dice:

... «*Se ha encendido Mi ira contra ti y contra tus dos amigos, porque no han hablado de Mí lo que es recto, como Mi siervo Job. Ahora pues [...] vayan a Mi siervo Job y ofrezcan holocausto por ustedes, y Mi siervo Job orará por ustedes. Porque ciertamente a él atenderé para no hacer con ustedes conforme a su insensatez, porque no han hablado de mí lo que es recto, como mi siervo Job»* (Job 42:7-8).

Las pruebas de Job no habían venido a su vida como castigo ni podría haberlas evitado con un buen comportamiento, pues Job era justo delante de Dios y era el objeto de todo Su amor y afecto. Entonces, podemos decir que la vida de Job estaba bajo el obrar misterioso de un Dios soberano, benevolente y sabio. Dios obra en maneras misteriosas, pero siempre confiables. Por lo tanto, debemos evitar el atrevimiento de reducir a Dios y Su obrar a nuestros pequeños e incompletos razonamientos que siempre nos tientan a dar una explicación al sufrimiento.

INTENTOS INFRUCTUOSOS DE ➤ OFRECER UNA EXPLICACIÓN ➤ AL SUFRIMIENTO

Los discípulos le preguntaron a Jesús sobre un hombre ciego: «"Rabí, ¿quién pecó, este o sus padres, para que naciera ciego?". Jesús respondió: "Ni este pecó, ni sus padres; sino que está ciego para que las obras de Dios se manifiesten en él"» (Juan 9:1-3). Somos tentados a querer entender la razón de todo y buscar culpables para el sufrimiento, pero puede ser que la enfermedad, la pérdida, la infertilidad o cualquier dificultad de tu hermano sea para la manifestación de las obras de Dios en su vida.

Aunque es posible que suframos como consecuencia de nuestros pecados (profundizaremos en este tema más adelante), no debemos suponer que todas las aflicciones son siempre una evidencia del juicio de Dios. Lo que sí podemos hacer es acompañar al que sufre en su dolor, llorar con él y animarlo a perseverar en la fe del evangelio.

La Palabra de Dios nos dice claramente que «no hay nadie que haga lo bueno; ¡no hay uno solo!» (Rom 3:12, NVI), entonces, según la cosmovisión de castigo y recompensa, podemos decir que todos deberíamos ser privados aun del más pequeño atisbo de benevolencia por parte de Dios. Pero esto no es así, ¿cierto? Estoy segura de que todos podemos testificar de las muchas evidencias de gracia divina hacia nosotros todos los días. Incluso podríamos reconocer con mucho asombro que hay personas que han cometido actos terribles e inhumanos, pero aun ellos gozan de la gracia común de Dios. No solo eso, sino que algunos hasta han sido posteriormente adornados con la gracia salvadora del Señor. Yo me encuentro entre ellos, y tú también si has puesto tu fe en Jesús. Podría tomar las palabras de Pablo y decir como él: «Cristo Jesús vino al mundo para salvar a los pecadores, entre los cuales yo soy la primera» (ver 1 Tim. 1:15).

La gracia de Dios nos cura del mal producido por las acusaciones apresuradas y los juicios ligeros. El legalismo y el moralismo son lo opuesto a la gracia, porque ambos exigen para recibir, pero la gracia es sobreabundante y desinteresadamente generosa. Cuando somos receptores de los torrentes de la gracia de Dios, podemos concluir que este mundo no está regido por la ley de recompensas y castigos. La experiencia personal con la gracia de Dios humilla nuestra justicia propia y enternece nuestros duros corazones para compadecernos de los que sufren, en vez de condenarlos.

Meditemos un poco en lo que acabo de decir. Puede ser que la razón por la que no podamos llorar con los que lloran sea que hay corrientes opuestas a la gracia de Dios arraigadas en nuestro corazón. El antídoto contra esas corrientes es la gracia transformadora de Dios. Echa un vistazo al corazón del Señor en la cruz, sangrando y dejando de latir por ocupar el lugar del pecador. Siguiendo Su ejemplo, aun si un incrédulo estuviera viviendo las consecuencias de su pecado o si un creyente estuviera siendo disciplinado por el Señor, igual podemos compadecernos y ser una extensión de la gracia de Dios para ellos en medio de sus lágrimas.

¡Bendita gracia de Dios! El legalismo y el moralismo impiden nuestras lágrimas, mientras que la gracia de Dios nos ayuda a compadecernos y a llorar con los que sufren. El legalismo y el moralismo alejan, mientras que la gracia acerca. El legalismo y el moralismo hieren, mientras que la gracia sana. El legalismo y el moralismo condenan, mientras que la gracia consuela. Cristo es la gracia de Dios en todo su esplendor, y en el centro de Su corazón están los que sufren.

El legalismo y el moralismo utilizan la buena ley de Dios de manera contraria a su propósito. La ley es un siervo que nos toma de la mano para llevarnos a Cristo, pero el legalismo y el moralismo toman una desviación que nos lleva a un sistema condenatorio y abrumador. Sigamos el corazón de Dios por el sufriente, tomémonos de la mano los unos a los otros para llevarnos a Cristo, en quien todas nuestras heridas son tratadas y podemos alcanzar el descanso que anhelan nuestras almas.

No seamos consoladores miserables para los que nos rodean; pidamos a Dios que nos ayude a ser consoladores llenos de gracia y compasión. Una de las manifestaciones más grandes de la misericordia de Dios a nuestro favor es la compañía en nuestro dolor, pero debemos tener cuidado, porque podemos desvirtuar este gran regalo. Si no somos cuidadosos, nuestra compañía puede causar más estragos que bendiciones en el que sufre. Sin embargo, con la ayuda y la dirección de Dios, nuestra compañía puede ser un alivio y un consuelo preciados para el que llora.

Cuando alguien llore cerca de nosotros, resistamos la tentación de simplemente buscar culpables o explicaciones a su sufrimiento, de darle pasos a seguir para salir de su dolor o de reducir los propósitos soberanos de Dios a nuestra mente finita y limitada. Lo mejor que podemos hacer es compadecernos y ayudarlos a perseverar en la confianza en el Señor en medio de la aflicción y la incertidumbre. Esto no quiere decir que su situación mejorará ni que será más fácil su caminar, pero nuestra compañía puede ayudarlos a saberse amados, conocidos y seguros en Dios, y a gozarse en la esperanza eterna en Él que aguarda a todo corazón roto.

Recuerda que el Señor no nos ha llamado a huir del sufrimiento, sino a perseverar en medio del dolor. Como les conté, algunas personas nos acusaron a mi esposo y a mí de tener poca fe, pero en mi propio caminar he aprendido que se necesita más fe para abrazar la voluntad de Dios que para buscar o reclamar la nuestra. Job demuestra su fe cuando le pregunta a su esposa: «¿Aceptaremos el bien de Dios pero no aceptaremos el mal?» (Job 2:10). Se necesita más fe para seguir confiando en Dios en los tiempos inciertos de dolor que para pedirle que no nos permita derramar lágrimas. En realidad, se necesita más fe para llorar con los que lloran que para juzgar las lágrimas.

No impidamos que otros puedan vivir su lamento. Seamos consoladores compasivos que acompañan amorosamente a otros en sus dolores y humildemente fortalezcamos sus manos en Dios, animándolos a la confianza en Él aun en los desiertos y las tormentas de la vida.

Doy gracias a Dios por esos amigos que han sido generosos con sus lágrimas, su silencio, sus palabras llenas de gracia y, sobre todo, con su compañía. Agradezco a Dios por los que han pasado tiempo conmigo sentados en el polvo mientras escuchaban pacientemente mis lamentos, doliéndose conmigo y fortaleciéndome en el Señor. Ustedes me recuerdan a Cristo y me guían a Él.

Oro para que Dios nos haga consoladores llenos de gracia, y compasivos para los dolientes que nos rodean.

PREGUNTAS DE REFLEXIÓN

1. ¿Detectas tendencias legalistas o moralistas en tu corazón? ¿De qué manera el Salmo 73 puede darnos luz contra estas corrientes?

_____

_____

_____

2. ¿Alguna vez te has encontrado con consoladores miserablesen tu dolor? ¿Cómo te hicieron sentir sus «consuelos»?

_____

_____

_____

3. ¿Cuál es tu tendencia hacia el que sufre: ofrecer una explicación, buscar culpables o compadecerte y ayudarlo a perseverar?

_____

_____

_____

4. ¿Puedes pensar en alguna situación específica en donde fuiste un consolador miserable? ¿Cuál fue el error y cómo responderías ahora?

_____

_____

_____

5. ¿Cómo la gracia de Dios te capacita para ser un consolador compasivo?

_____

_____

_____

6. ¿Hay alguien a tu alrededor a quien podrías brindar tu compañía consoladora en estos días? ¿Qué podrías hacer para animarlo a perseverar en su sufrimiento?

_____

_____

_____

3

CONSOLADORES DISTRACTORES: CUANDO DESVIAMOS A LOS QUE LLORAN

Porque dos males ha hecho mi pueblo: me dejaron a mí, fuente de agua
viva, y cavaron para sí cisternas, cisternas rotas que no retienen agua.
(Jer. 2:13, RVR1960)

Tenía el corazón roto. Le habían prometido grandeza y riqueza, lo cual era algo absurdo al lado de su pérdida. Ella no quería títulos prominentes, fortuna ni poder. Solo quería a sus padres de vuelta.

Soy esposa de pastor y tengo el privilegio inmerecido de ver en primera fila la obra de Dios en la vida de los demás. Me fascina compartir con mis hermanos sus alegrías y celebrar sus victorias, ver mentes y corazones renovados por la Palabra de Dios y escuchar testimonios de vidas rendidas al Señor. Sin embargo, también me toca presenciar muy de cerca sus dolores y lágrimas. Me siento totalmente inmerecedora de conocer las luchas íntimas de sus corazones, los dilemas secretos en sus mentes y su esfuerzo por vivir en la gracia. Estoy agradecida al Señor por gozar de tal confianza y permitirme llorar con ellos. Si no hubieran compartido conmigo sus lágrimas, tampoco habría conocido sus consuelos (que me han consolado incontables veces), y estoy convencida de que jamás habría podido escribir este libro.

Soy muy bendecida y consolada al observar de cerca la perseverancia en los sufrimientos de mis hermanos, pero también tengo que confesar que he visto, entre muchas de sus luchas, una plaga que carcome el alma. El falso evangelio de la prosperidad sigue esparciéndose como un cáncer, infectando nuestros consuelos, consejos, motivaciones y dañando al cuerpo de Cristo.

EL EVANGELIO DE LA PROSPERIDAD ENGAÑOSA

Quizás hayas oído hablar del evangelio de la prosperidad. Puede ser que pienses de inmediato en los predicadores que salen en la televisión con mensajes manipuladores sumamente materialistas y pidiendo dinero a cambio de la bendición de Dios. Tal vez vienen a tu mente los millonarios que se autoproclaman siervos de Dios y atraen multitudes hablando de la abundancia económica. Los considero falsos maestros que, en vez de servir a las ovejas, se sirven de ellas; en vez de cuidarlas, las trasquilan para obtener ganancias; evidencian un amor por sí mismos y una total insensibilidad ante los vulnerables. La Biblia no es silenciosa con respecto a estos abusos y da serias advertencias contra aquellos que se aprovechan de la necesidad y la vulnerabilidad de los afligidos. Estas personas están sujetas a la ira de Dios hasta que se arrepientan.

Lo más probable es que te indignes conmigo al escuchar de estos lobos rapaces vestidos de ovejas y su falso evangelio. Sin embargo, ¿qué pensarías si te dijera que es posible encontrar esta plaga aun en los corazones más compasivos del pueblo de Dios? Quisiera mostrarte que hay formas más sutiles en las que podríamos estar abrazando principios de esta corriente contraria al ejemplo de nuestro Cristo.

El evangelio de la prosperidad atrae a las masas, pero no es ningún evangelio. Esta falsa enseñanza es atractiva porque promete darnos lo que tanto desea nuestro corazón ambicioso. Trastorna el verdadero evangelio —que nos libera de toda banalidad y nos lleva a la vida y el gozo verdaderos en Cristo— y nos mantiene en la pesadez de la esclavitud de la avaricia y la idolatría de la ambición. Esta corriente sugiere que los bienes materiales y el bienestar físico son señales del favor y la bendición de Dios. También enseña que la fe y el pensamiento positivo pueden traer abundancia económica y salud. Esto puede ser muy atractivo para muchos, sobre todo para aquellos que sufren, pero esta enseñanza es destructiva, especialmente para los que ya están heridos. Si queremos ser consoladores compasivos, debemos ser cuidadosos y considerar si hemos permitido que esta plaga infecte nuestra percepción de Dios, del evangelio, del sufrimiento, de la vida cristiana y de nuestros consuelos.

El evangelio de la prosperidad se fundamenta en transacciones entre Dios y los humanos. Se percibe a Dios como un socio con quien hemos firmado un contrato. Cada quien hace su parte y ambos ganan. Esa percepción equivocada de la relación con Dios hace que la llegada del sufrimiento sea inesperada, y surja el deseo de querer demandar a Dios, pues se considera como una vulneración del contrato. No era lo que merecíamos. Nosotros estábamos haciendo nuestra parte, por lo que a Dios le tocaba la suya, ¡lo cual de ninguna manera suponía el sufrimiento! Por eso, cuando sufrimos, demandamos de Dios que nos restituya la pérdida: «Está bien, Señor, me has hecho infértil, pero ¿qué me vas a dar a cambio? ¡Me debes!».

La gracia es inútil dentro de esta corriente eclesiástica, la vida cristiana consiste en hacer negocios con Dios, el sufrimiento se considera una inversión y la adoración a Dios es más bien exaltación humana, porque nosotros somos el personaje principal. Por lo tanto, nuestros consuelos se ven más como consultorías de inversión que como consuelos bíblicos.

Mi amiga Anke y sus hermanos lloraban por la dolorosa pérdida de sus padres. Una persona se acercó a ellos y les dijo que debían dejar de llorar, porque Dios había mandado esa aflicción a sus vidas para convertirlos en grandes empresarios y pastores. En ese momento, ella guardó silencio al escuchar esas palabras y pensó que se trataba de un buen deseo consolador de parte de esa mujer. Sin embargo, ese consuelo desviado terminó hiriéndola.

Yo también he recibido ese tipo de «consuelos»: «Karen, deja de llorar por tu infertilidad. El Señor te ha hecho infértil porque te hará grande en las naciones». «Ten fe y Dios te sorprenderá con un gran ministerio». «Dios ha permitido esta carencia porque te dará abundancia en otros ámbitos». Estos comentarios son inútiles y absurdos cuando uno está en medio del dolor. Concuerdo con Anke cuando dice que, en medio de las lágrimas, no interesan los grandes ministerios o las grandes riquezas. Duele. Simplemente duele la pérdida, duele la separación, duele la carencia. Ella no quería títulos prominentes, fortuna ni poder, solo quería a sus padres de vuelta. Anke no fue consolada con promesas de riqueza y abundancia, porque ¿qué podría compararse con la dicha de tener a sus padres? ¿Qué grandeza podría compararse con un hijo? Amados, seamos cuidadosos. La expectativa de riquezas y grandezas nos adormece al dolor real y presente de los demás. Este falso evangelio nos convierte en contratistas insensibles.

Los principios del evangelio de la prosperidad tienen muchas ramificaciones, y su influencia nos ha llevado como iglesia a ser consoladores ineficaces. Sus enseñanzas distorsionadas nos han llevado a ser descuidados y prometer bienestar, sanidad y abundancia a la ligera, en nombre de Dios. Podemos atrevernos a decirles sin mayor sensibilidad a los padres que perdieron a su bebé que Dios nos dijo que resucitaría, a prometerle sin mayor sustento a la víctima de injusticia que ganaría el juicio, y a profetizar con ligereza a la que se acaba de divorciar que un mejor hombre llegará a su vida. Cuántas veces se ha intentado consolar o han intentado consolarnos de esa manera, y cuántas veces no ha sucedido lo que se dijo con tanto desparpajo.

Debemos tener cuidado con esto hermanos, porque no es poca cosa hablar en nombre de Dios. Una cosa es desear el bien para alguien y otra es atreverse a decir: «Dios dice que...». Esto último es muy grave delante de Dios y muy hiriente para el que llora. No olvidemos que los que sufren se encuentran en el corazón de Dios, Él conoce todas sus aflicciones y recolecta la memoria de cada una de sus lágrimas (Sal. 56:8). Cuando nos acercamos a ellos para consolarlos, debemos tener en mente que tanto ellos como nosotros estamos delante de Dios en todo momento. Para consolar bíblicamente, debemos hacerlo en el temor de Dios, es decir, en reverencia y fidelidad a Él y Su Palabra, sabiendo que Él tiene un celo santo por los débiles (Sal. 68:5-6).

EVITEMOS LOS CONSUELOS ARTIFICIALES E ILUSORIOS

La inmensa vulnerabilidad en la que se encuentran los que sufren hace que nosotros, como consoladores, debamos tener cuidado con nuestras palabras, ya que ellos podrían poner su esperanza en falsas ilusiones y terminar decepcionándose y más heridos que al principio.

En más de una ocasión, me han dicho en nombre de Dios que quedaría embarazada. Recuerdo con mucho detalle la vez que una persona me dijo con bastante seguridad que me pusiera a tejer ropita para bebé ese mismo día, puesto que ese era el mes en que quedaría embarazada. Tengo que confesar que esta persona habló con tanto detalle e insistencia que me convenció de que sería así. Me repitió tanto que no lo dudara (que Dios ya lo había hecho), que me sentí mal de cuestionar sus palabras aun en mi mente. Recuerdo pasar noches soñando sobre cómo sería mi bebé y cómo le daría la noticia a David... Sin duda, fueron días de felicidad e ilusión, hasta que llegó el día en que comprobé que no estaba embarazada y me inundó la decepción y la desesperanza.

Sé que esta persona deseaba mi bien, quería que mis anhelos se hicieran realidad, y no dudaría de que sus intenciones eran buenas, pero intentó remediar mi dolor con un ungüento que terminó hiriendo más. Gracias a Dios, pude fortalecerme en Su carácter bondadoso que Su Palabra y la cruz me muestran, pero este tipo de decepciones han llevado a muchos a blasfemar el nombre de Dios, y a otras a desconfiar de la iglesia y hasta dejar de congregarse.

Créeme cuando te digo que entiendo la tentación de prometer prosperidad a los afligidos. En varias ocasiones, me he visto tentada (y he caído) en asegurarle bienestar a alguien que llora. He recurrido a estos consuelos artificiales en mi intento de hacerlos sentir mejor, pero ahora entiendo que esas promesas vacías no son ningún consuelo. Es verdad que puede hacerlos sentir mejor por un momento, pero estamos llevándolos a construir sobre la arena. Les estamos dando una falsa seguridad y esperanza que se derribarán en cualquier momento. Su presunta felicidad se basa en el engaño y la falsa ilusión y, peor aún, al darles estos falsos consuelos, los estamos privando del verdadero consuelo que trae gozo perpetuo aun en las lágrimas: el verdadero evangelio.

EL CONSUELO DISTRACTOR CONDUCE A LA IDOLATRÍA

Cuando consolamos de esta manera, estamos siendo consoladores distractores, porque llevamos la atención del que sufre a una ganancia o promesa terrenal, con la esperanza de que eso calme sus dolores y deseos. El problema de esto es que no nos damos cuenta de que estamos llevándolo por una vía escabrosa y peligrosa. Estos consuelos distractores pueden presentar a Dios como un tirano que se complace en el dolor de los demás y lo recompensa con dádivas vanas, o puede llevar al sufriente a poner su esperanza en ídolos que terminarán carcomiendo su ser. Nada de esto brinda el consuelo que los quebrantados necesitan, ¡todo lo contrario!

Cuando somos consoladores distractores, robamos al dolido la eficacia de la obra del sufrimiento en sus vidas. Lo terminamos desviando de Dios al desviarlo a glorias terrenales. Al distraerlo de Dios, lo privamos de todo el bien, la utilidad y las bendiciones que se encuentran en Él. Esto es grave porque, en esencia, al dar este tipo de consuelo, estamos guiando a la persona a lo que considero la raíz de todo pecado: la idolatría. Podríamos definirla sencillamente como la búsqueda de consuelo, paz, gozo, vida, seguridad, descanso, identidad y plenitud en algo o alguien que no es Dios. Es rendir adoración a lo creado, en lugar del Creador. J. C. Ryle da una definición más completa que me gustaría citar a continuación:

La idolatría es aquella adoración en que el honor debido al Trino Dios y a él únicamente, es dado a algunas de sus criaturas o a alguna invención de sus criaturas. Puede variar muchísimo. Puede asumir formas extremadamente diferentes según la ignorancia o el conocimiento, la civilización o la barbarie, de los que la ofrecen. Puede ser groseramente absurda y ridícula, o puede acercarse a la verdad y, por ende, ser engañosamente defendida.

No es necesario que alguien niegue expresamente a Dios y a Cristo a fin de ser idólatra. Lejos de ello. Profesar reverencia al Dios de la Biblia y la idolatría, propiamente dicha, es perfectamente compatible. A menudo, éstas han andado lado a lado y lo siguen haciendo. A los hijos de Israel no les cruzó por la mente la idea de renunciar a Dios cuando persuadieron a Aarón que hiciera un becerro de oro. "Estos son tus dioses", dijeron, "que te sacaron de la tierra de Egipto". Y la fiesta en honor al becerro se conservó como "fiesta para Jehová" (Ex. 32:4-5). Es digno de notar que el ídolo no se erigió como un rival de Dios, sino pretendiendo ser una ayuda, un peldaño hacia su servicio. Pero... cometieron un gran pecado. La honra debida a Dios fue dada a una representación visible de él. Fue una ofensa contra la majestad de Jehová. El Segundo Mandamiento fue quebrantado. A los ojos de Dios, aquel acto fue uno flagrante de idolatría».[1]

Es posible que, cuando escuchas la palabra «idolatría», pienses de inmediato en religiones en las que miles de personas se arrodillan ante estatuas, pero J. C. Ryle nos recuerda que la idolatría existe en todo ser humano, aun en los que profesamos el cristianismo. Calvino dijo muy claramente que nuestro corazón es una fábrica de ídolos. Somos expertos en desvirtuar los dones de Dios y colocarlos en un lugar que solo corresponde a Él. Cuántas veces me he encontrado

---

[1]. J. C. Ryle, «Definición y causa de la idolatría», *Portavoz de la Gracia n.º 17* (Pensacola, FL: Chapel Library, 2016), pp. 3-4.

con la realidad de mi idolatría. Todos luchamos con nuestros ídolos porque constantemente estamos buscando el bien fuera de Dios.

Fue la idolatría lo que llevó a Adán y a Eva a comer del árbol del conocimiento del bien y del mal. Dios les prohibió comer del fruto, pero fueron engañados y llegaron a creer que Dios les retenía un bien, por lo que comieron del fruto pensando que encontrarían el bien fuera de Él y Su voluntad. Ellos no tardaron en darse cuenta de lo equivocados que estaban. El fruto de su idolatría solamente produjo pecado, sufrimiento y muerte hasta el día de hoy. Lo mismo sigue sucediendo cuando abandonamos al Dios verdadero y corremos hacia nuestros ídolos. El resultado es más pecado, sufrimiento y muerte.

Amados hermanos míos, no erréis. Toda buena dádiva y todo don perfecto desciende de lo alto, del Padre de las luces, en el cual no hay mudanza, ni sombra de variación (Sant. 1:16-17, RVR1960).

Las palabras de Santiago son sumamente claras. No nos equivoquemos, no hay ningún bien fuera de Dios (Sal. 16:2). Debemos tener en mente esta realidad a la hora de tratar con el que sufre. Todo el bien se encuentra en Dios y Su voluntad; por ende, lo mejor que podemos hacer es ayudar al que está sufriendo a correr a Dios y al consuelo de Sus palabras en medio de sus lágrimas.

Cuando consolamos como consoladores distractores, estamos fungiendo como enemigos del Novio (Jesucristo), al desviar a la novia (la Iglesia) y a los que serán la novia hacia ídolos que terminarán fallándoles. Estamos desviando al incrédulo de encontrar el camino, la verdad y la vida, o seduciendo a la novia de Cristo con otros amores (Juan 14:6). Esto me recuerda las palabras del profeta Jeremías:

Porque dos males ha hecho mi pueblo: me dejaron a mí, fuente de agua viva, y cavaron para sí cisternas, cisternas rotas que no retienen agua (Jer. 2:13, RVR1960).

Si en vez de encaminarlos a la fuente de agua viva, les ofrecemos vasijas rotas que no retienen agua, los estamos privando de encontrar el consuelo, el gozo, la seguridad de su alma, la salvación y la esperanza que sostiene.

No olvidemos ni por un segundo que los ídolos son traicioneros. Depositas en ellos tu confianza, seguridad y deleite, y te apuñalan por la espalda. Todo aquel que ponga su fe en ellos será avergonzado (Isa. 44:9; 45:16). El dinero va y viene, la grandeza trae consigo mucha tentación, la sanidad se acaba, los seres humanos nos fallan... No hay lugar más seguro donde descansar que en Dios. Cuando distraemos de la presencia de Dios al que sufre, inevitablemente lo dirigimos a falsos ídolos sin poder alguno, y terminará avergonzado y más herido de lo que ya estaba.

EL SUFRIMIENTO COMO BENDICIÓN

Algunas corrientes del evangelio de la prosperidad enseñan que Dios recompensa a aquellos que soportan pruebas y aflicciones fuertes. La Biblia enseña que Dios nos bendice a través del sufrimiento. Parecería que ambas enseñanzas son iguales, pero la diferencia entre el evangelio de la prosperidad y el evangelio de Cristo es que uno reduce las bendiciones exclusivamente a ganancias terrenales, mientras que el otro se centra en las bendiciones espirituales en el tiempo presente y en la gloria venidera. Spurgeon no conoció el evangelio de la prosperidad, pero sí supo entender el espíritu humano y cómo el Señor obra en nuestras vidas:

La salud se nos presenta como si fuera el más grande deseo, por encima de todas las demás cosas. ¿Es así? Me atrevería a decir que la mayor bendición que Dios puede darnos es la salud, con excepción de la enfermedad. La enfermedad ha sido frecuentemente de más utilidad para los santos de Dios que la salud. [2]

[2.] C. H. Spurgeon, «The Minister in These Times», en *An All-Round Ministry* (Banner of Truth, 2000), pág. 384. Citado en https://www.spurgeon.org/resource-library/blog-entries/10-spurgeon-quotes-for-wounded-christians/

¡Qué hermosa frase! Alguien cuyo corazón ha sido infectado con la plaga del evangelio de la prosperidad jamás podría decir tal cosa. Si luchas en tu corazón con esta frase, probablemente has sido contaminado con esta corriente. El antídoto es la renovación de la mente mediante la Palabra de Dios. La Palabra nos recuerda que hay mucho más que esta vida pasajera. El bienestar terrenal no es lo más importante (Ecl. 7:3; Mat. 6:19-20; 1 Jn. 2:17). Como mucho, podríamos gozar de cien años de salud, pero inevitablemente, algún día se acabará. Podemos gozar de los bienes materiales por un tiempo, pero finalmente dejaremos esta tierra tal como llegamos a ella... sin nada.

Quisiera aclarar que ni la prosperidad ni el bienestar son malos en sí mismos. No es malo tenerlos ni orar por obtenerlos, el problema es cuando encontramos en estos toda nuestra esperanza y consuelo. La vida es mucho más que posesiones y bienestar, y ocasionalmente el sufrimiento nos lo recuerda. Dios obra a través del sufrimiento y el resultado es tan hermoso que todo el brillo de este mundo palidece en comparación. Las lágrimas forjan tesoros preciosos en los corazones, que son mucho más valiosos que todo lo que puede ofrecer este mundo.

JOB VIO A DIOS EN MEDIO DE SU SUFRIMIENTO

En el capítulo anterior, vimos un poco de la historia de Job. Cuántos sermones y enseñanzas hay sobre este hombre y cuántos pierden el enfoque de esta historia. Muchos han llegado a sugerir que la enseñanza principal es que Job perdió todo para que después Dios lo recompensara duplicando sus bienes. Por lo tanto, su aplicación es que deben confiar, porque si Dios les ha permitido pasar por sufrimiento, será para terminar con más bienes terrenales que al principio. Esta interpretación es lamentable, ya que pierde de vista la grandeza y la gloria de lo que realmente le sucedió. No olvides que el acusador le dijo a Dios: «¿Acaso teme Job a Dios de balde?» (Job 1:9). Argumenta que la única razón de la devoción de Job a Dios son los bienes que Él le ha dado. Según el diablo, una vez que esos bienes desaparezcan, se pondrá en evidencia la falsedad de Job.

Este hombre perdió todo y, aunque tuvo muchas razones para abandonar su devoción a Dios, Job se afirmó en Él con todas sus fuerzas. El acusador erró porque la prosperidad no era la base de la relación de Job con Dios. La fe y el amor verdaderos fueron autentificados. Job lamentó su condición delante de Dios y así evidenció que no había más grande tesoro para él que el Señor mismo. Job perdió personas y cosas que amaba, pero supo que todavía tenía a su Dios, a quien amaba todavía más. El clímax de este drama no son los bienes que Dios, en Su gracia, le restituye al final, sino las profundas palabras de Job a Dios:

De oídas te había oído;
Mas ahora mis ojos te ven (42:5, RVR1960).

Job sufrió un dolor inimaginable, pero a través de su sufrimiento, pudo ver a Dios como nunca antes. El sufrimiento fue la vía por la que Dios se reveló a su vida como el Dios soberano, sabio, majestuoso, grande y confiable. Quizás Job nunca entendió la razón de su sufrimiento, pero sabemos que su consuelo fue encontrar a Dios mismo en medio de su dolor. Job pasó el resto de su vida adorándolo como el Dios bueno y confió en Él aun en esa parte de su historia que nunca pudo comprender.

Nosotros también podemos confiar en que nuestro buen Dios cuida de nosotros, en que nos dará la gracia necesaria para esta vida y sus dolores, y que, sin importar lo que se nos entregue o se nos quite, Dios jamás nos faltará.

En conclusión, el consuelo distractor es enemigo del consuelo bíblico para el que sufre. Presenta una visión distorsionada e incompleta de la fe cristiana porque ofrece promesas superficiales de riqueza material y éxito. Por el contrario, la Biblia ofrece un mensaje de esperanza y consuelo que puede sostener a las personas en circunstancias difíciles a través de grandes esperanzas inamovibles que salen de la Palabra eterna de Dios, a las cuales debemos aferrarnos durante el sufrimiento (más adelante, profundizaremos en ellas). Llora con el que llora y, con prudencia, paciencia y ternura, consuela con verdades eternas.

Dios no me ha dado hijos, y no sé si algún día lo hará. Pero puedo decir junto con Job: «De oídas te había oído; mas ahora mis ojos te ven». Mi consuelo más grande no es que Dios prometa darme hijos ni bienes, sino la promesa de Su constante cercanía y consuelo. Sea cual sea Su voluntad para mí, me rindo a Él porque siempre esa voluntad será buena, agradable y perfecta (Rom. 12:1-2).

He aprendido que todo lo que Dios pueda darme mañana jamás saciará mi sed. Solo Él mismo puede saciar mi sed (Juan 4:13-14). He entendido que mañana no estaré más satisfecha de lo que hoy puedo estar saciada en Cristo (sin importar cómo se presente mi hoy). Recuérdales esto a los que lloran.

Amado, te ruego que no caigas en la tentación de ser un consolador distractor y de prometer prosperidad terrenal a los que lloran. Puede ser que Dios tenga otros planes para esa persona, por lo que podemos estar seguros de que, en Cristo, esos planes aportarán un bien final y eterno para ella. Mejor, recuérdale la siempre presente, siempre atenta, siempre confiable presencia de Dios en sus vidas y Sus hermosas palabras eternas. No intentes distraerla de su sufrimiento con cosas superfluas; más bien, ayúdala a tomar su sufrimiento para la gloria de Dios. Recuérdale que «los sufrimientos de este tiempo presente no son dignos de ser comparados con la gloria que nos ha de ser revelada» en el día de Jesús (Rom. 8:18). Recuérdale las bendiciones eternas e inconmovibles que tenemos desde ya en Cristo. Recuérdale su futuro, en donde todos sus dolores por fin desaparecerán para siempre. Ayúdala a desear más su eterno hogar y a su compasivo Señor, que ha prometido enjugar nuestras lágrimas. Sé un consolador compasivo que no lleva al sufriente hacia las glorias de este mundo, sino hacia el «Dios de toda consolación» (2 Cor. 1:3).

Entonces oí una gran voz que decía desde el trono: «El tabernáculo de Dios está entre los hombres, y Él habitará entre ellos y ellos serán Su pueblo, y Dios mismo estará entre ellos. *Él enjugará toda lágrima de sus ojos, y ya no habrá muerte, ni habrá más duelo, ni clamor, ni dolor, porque las primeras cosas han pasado». El que está sentado en el trono dijo: «Yo hago nuevas todas las cosas». Y añadió: «Escribe, porque estas palabras son fieles y verdaderas». También me dijo: «Hecho está. Yo soy el Alfa y la Omega, el Principio y el Fin. Al que tiene sed, Yo le daré gratuitamente de la fuente del agua de la vida. El vencedor heredará estas cosas, y Yo seré su Dios y él será Mi hijo* (Apoc. 21:3-7).

PREGUNTAS DE REFLEXIÓN

1. ¿Detectas algunos principios del evangelio de prosperidad en tu corazón? ¿Cuáles?

_____

_____

_____

2. ¿Has sido tentado a prometer prosperidad al que llora? ¿Por qué crees que acudimos a estos consuelos artificiales?

_____

_____

_____

3. ¿Puedes recordar alguna vez en que fuiste un consolador distractor para el que llora? ¿Cuál fue el error y cómo responderías ahora?

_____

_____

_____

4. ¿Alguna vez te has encontrado con un consolador distractor en tu dolor? ¿Cómo te hizo sentir su «consuelo»?

_____

_____

_____

5. ¿Cómo es que considerar la vida de Jesús (Su vida terrenal, Su sufrimiento, Su muerte y Su exaltación) nos ayuda a exterminar el falso evangelio de la prosperidad de nuestro corazón? ¿De qué manera el evangelio de Cristo ofrece un mejor consuelo que el evangelio de la prosperidad?

_____

_____

_____

6. ¿Hay alguien a tu alrededor a quien puedas acompañar y recordar las bendiciones inamovibles que tenemos en Cristo?

_____

_____

_____

CONSOLADORES COMPETITIVOS: CUANDO COMBATIMOS CON LOS QUE LLORAN

La verdadera compasión es sentir el dolor de los demás
en nuestro propio corazón y mostrar el deseo de aliviar su sufrimiento,
incluso si no podemos hacer nada para remediar su situación.

Renata estaba muy triste porque extrañaba a su familia. Se sentía triste porque no sabía cuándo podría volver a verla, debido a que se encontraba en medio de su proceso de trámite de visa de residencia. Ella pidió oración por el tema y Paty contestó contándole sobre una amiga que llevaba, sin exagerar, años en ese proceso. Su conclusión fue que Renata apenas si llevaba unos meses esperando, y eso no era nada. Omar se sumó a la conversación argumentando que ya quisiera tener ese tipo de problemas, porque él estaba aquejado por una rara enfermedad. Instó a Renata a ser agradecida porque su dolor no se comparaba en nada con el suyo. Renata terminó sintiéndose incomprendida, sola, egoísta y culpable por su aparente ingratitud.

Puede ser que un escenario como este no te sea tan ajeno. Quizás alguna vez hayas estado en la posición de Renata, y después de compartir con otros tu dolor, te respondieron hablando de cómo su dolor era peor o más importante que el tuyo. También es posible que hayas estado en la posición de Paty y Omar, quienes intentaron mostrar una situación peor con el fin de consolar a la persona. Sea cual sea la posición, esto es a lo que llamo la competencia de sufrimiento.

Si respondemos al que sufre poniendo sobre la balanza un caso que consideramos peor, de inmediato quitamos la atención de su dolor y lo menospreciamos, dejándolo con un sentimiento de falta de validación. Esto es realmente insensible y hasta inhumano. No fuimos creados para estar solos. Esta realidad es palpable desde el Génesis, aun antes de que el pecado entrara, porque Dios dijo que no era bueno que el hombre estuviera solo (Gén. 2:18). Si no es bueno que vivamos solos, mucho menos que suframos solos. Pero, cuando participamos en la competencia del sufrimiento y abandonamos al que sufre a un estado de soledad emocional, espiritual e incluso física, le damos el mensaje de que sus emociones no son válidas ni importantes.

Debemos comprender que el asunto no es quién sufre más ni qué sufrimiento es peor, sino la existencia y presencia real de dolor en una persona particular. Como vimos en capítulos anteriores, para Dios, el dolor es dolor, y somos llamados a extender consuelo donde hay dolor. Es triste decirlo, pero tendemos a estar excesivamente enfocados en nosotros mismos, y eso afecta nuestra capacidad para compadecernos de las dolencias de nuestros hermanos. Esa puede ser la razón por la que convertimos una oportunidad para mostrar compasión en una oportunidad de competencia.

LA COMPETITIVIDAD HUMANA MAL ENTENDIDA

¿Por qué actuamos de esa manera? ¿Por qué tendemos a participar en la competencia del sufrimiento? ¿Qué hay en nuestro corazón que nos lleva a invalidar, menospreciar y comparar el sufrimiento ajeno?

Los seres humanos somos generalmente competitivos. Nos encanta participar en maratones, concursos, retos y carreras. Nos reunimos en estadios, seguimos programas y pagamos grandes cantidades de dinero para ver competencias de todo tipo. ¿Por qué? Seamos sinceros, competir nos hace sentir bien, sobre todo cuando ganamos. Nos emocionamos cuando descubrimos que somos más fuertes, rápidos, elocuentes, ágiles, talentosos o inteligentes que los demás. Lo curioso es que estamos dispuestos a competir aun en el desolador terreno del sufrimiento y de la desgracia.

¿Alguna vez abriste tu corazón a alguien para compartirle lo que te agobiaba y la respuesta de la persona fue mostrarte cómo ella estaba sufriendo más que tú? ¿Te ha pasado que, en vez de ser escuchado y abrazado, has sido testigo de lo que pareciera ser una necesidad del otro de tener una historia con contratiempos más interesantes, numerosos y espantosos? Quizás has sido tú el que ha respondido así ante la aflicción de un amigo, familiar o pareja.

Si escudriñamos el corazón y sus motivaciones, podremos encontrar que la competencia del sufrimiento generalmente es una lucha por protagonismo. Como reza el dicho: «Hay quienes quieren ser el niño en el bautizo, la novia en la boda y el muerto en el entierro». Les compartes una buena noticia y buscan una mejor, les compartes tu aflicción y buscan una peor. Su fortuna siempre será mejor para ellos que la tuya y sus penas siempre serán peores, puesto que, en realidad, lo que buscan son los reflectores.

Anke me dijo algo que me dejó meditando mientras hablábamos sobre el tema. Ella considera que se trata de una actitud muy egoísta, porque es convertir el sufrimiento de los demás en una plataforma personal. Es cierto, la competencia del sufrimiento es en realidad fría y sin corazón, puesto que se aprovecha de la vulnerabilidad del sufriente para apuntar las luces y las cámaras a uno mismo. Es posible que las personas que hacen esto lo hagan para sentirse mejor, escuchadas e incluso admiradas, pero dejan al que llora con un sentimiento de incomprensión y hasta de frustración. Estamos dispuestos a robar luces para lucir y sentirnos mejor a costa del que sufre, de su consuelo y su bienestar.

Estoy convencida de que todos hemos participado en la «competencia del sufrimiento» alguna vez. Quizás algunas veces intencionalmente y otras sin darnos cuenta, pero lo que no debemos dejar de entender es que el sufriente sí lo nota y se ve tentado a cerrarnos su corazón, puesto que no se siente amado, escuchado ni validado, sino usado y hasta traicionado. Debemos tener cuidado de no amarnos a nosotros mismos tanto que esto nos endurezca o ciegue al dolor de nuestro prójimo. A veces, es tanto el deseo de ser escuchados, de sentirnos amados y admirados que podemos tender a bloquear los dolores, los sentimientos y las necesidades del otro. En cambio, cuando amamos a nuestro prójimo como el Señor Jesús nos ha mandado, podemos poner a un lado nuestros deseos para atender a los que lloran y compadecernos de ellos con verdadero amor fraternal.

LOS REPRESENTANTES DEL CONSUELO COMPETITIVO

Existe otra clase de participación en la competencia del sufrimiento. Ya vimos la participación como protagonistas, pero no siempre entramos a la competencia de esta manera. A veces, participamos como representantes de otros concursantes. El ejemplo de Renata mostró cómo Omar participó como protagonista, mientras que Paty participó como «representante».

Los protagonistas participan en la competencia del sufrimiento metiéndose al «cuadrilátero», mientras que los representantes meten a otros oponentes. Puede ser que nuestra intención sea que la persona que sufre deje de lamentarse y comience a alegrarse, o animarla por el resultado aparentemente positivo de otro sufriente. Pero he visto en mi propia vida que la competencia del sufrimiento nunca es provechosa.

Recuerdo con tristeza cómo algunas personas convirtieron mi sufrimiento en un cuadrilátero y participaron como representantes de otros sufrientes durante los momentos más duros de mi proceso de infertilidad. Viene a mi mente una persona que intentó consolarme diciéndome que al menos no había perdido hijos, que sí era triste que jamás haya quedado embarazada, pero que al menos no había experimentado un aborto espontáneo como tal otra mujer. Entiendo que ella buscaba que me sintiera afortunada de no haber vivido algo tan terrible como una pérdida o un aborto espontáneo, pero esto provocó en mí primero sentimientos de incomprensión y luego una profunda culpabilidad por sentirme tan mal, y me llevó a dejar de expresar mi dolor abiertamente.

Es terrible que el que sufre oculte su dolor. No queremos que eso suceda entre nosotros. Lo que queremos como iglesia es ser hermanos a quienes los demás puedan venir a abrir su corazón, con la certeza de que serán escuchados y consolados. Nunca es sabio comparar el dolor de una persona con el de otra, porque siempre tendrá un efecto negativo en el sufriente.

Esta tentación debe resistirse, porque cada sufrimiento es complejo e incomparable. El sufrimiento no solamente supone una situación difícil, sino miles de factores adicionales, como la edad, el estado civil, la etapa de vida, la situación socioeconómica, la salud, la ocupación y mucho más. Puedo entender mejor el sufrimiento cuando lo veo como un mar. Vienen y van olas que, aunque pertenecen al mismo mar, traen diferentes aguas. Así también, cada nueva ola del mismo mar puede representar nuevos dolores.

Por ejemplo, tengo una amiga muy amada llamada Iza que perdió a su papá cuando tenía tan solo doce años. Podríamos pensar que era todavía una niña, y que ya han pasado ocho años y, por lo tanto, su dolor es menor o inexistente. Podríamos decir que no se compara con el dolor de Anke. Sin embargo, Iza ha tenido que vivir distintos dolores en estos ocho años. Quizás las primeras olas de sufrimiento fueron la partida misma de su papá, pero años después, con mayor conciencia, fue experimentando otras olas de dolor, como cuando pudo darse cuenta del sufrimiento de su mamá y su hermano. El mar de la pérdida de su padre continuará trayendo distintas olas a lo largo de toda su vida: el dolor de su ausencia, el dolor de no poder pedirle consejo o ver su alegría por sus buenas noticias, no ingresar con él a su boda, y hasta el dolor de tener hijos que no conozcan a su abuelo.

Para David y para mí fue muy dolorosa la primera ola. Darnos cuenta de nuestra infertilidad fue como un revolcón en el centro mismo de una ola. Fue muy duro salir a la superficie, pero con la ayuda de Dios, pudimos entregarle nuestras cargas, Él nos sostuvo y ese dolor fue madurando; es decir, aunque seguíamos con dolor, cada vez estábamos más tranquilos y consolados en medio del sufrimiento por verdades de la Palabra de Dios. Pero luego, llegó otra ola impetuosa con un nuevo dolor. Esta vez, fue producto del impacto económico que trajeron consigo los tratamientos por infertilidad. Gozamos unos momentos de aguas tranquilas y, mientras Dios maduraba nuestro dolor, llegó una ola diferente y contundente, al darnos cuenta de que probablemente jamás seríamos padres. Una vez más, pudimos entregarle al Señor nuestros deseos y confiar en Su voluntad, pero llegó otra ola con el impacto social, al darnos cuenta de que no tener hijos nos dejaba fuera de algunos planes y grupos.

El mar de la vida no se ha calmado, y las olas continúan hasta hoy. Enfrentamos el dolor de que mis padres no sean abuelos y de no poder darles primitos a nuestros sobrinos. Estas olas se extienden por todas nuestras costas y llegan hasta la incertidumbre del futuro: ¿qué será de nosotros en nuestra vejez? ¿Quién nos cuidará? El sufrimiento es más complejo y tiene muchas más variables de lo que podríamos suponer o creer.

Es posible que toda la vida experimentemos distintas olas de una misma situación de aflicción. Pensemos por un momento en que todos estos dolores vienen de tan solo una situación. La realidad es que todos tenemos más de una situación de dolor. Esto significa que, a lo largo de nuestra vida, experimentaremos cientos de olas distintas y cruzadas que provocarán lágrimas y cargarán el alma. Hay tantos factores que vuelven complejo el sufrimiento, que no es posible medir y comparar el dolor de los que sufren. Por lo tanto, en lugar de comparar el dolor de una persona con el de otra, seamos compasivos y validemos y respetemos el dolor que la persona está sintiendo, seamos prontos para escuchar, callar y llorar junto con ella.

LA COMPETENCIA DEL CONSUELO COMO TRANSGRESIÓN ADORNADA DE CRISTO

Ya hablamos de la participación como protagonista y como representante, pero todavía hay otra forma mucho peor de participar en esta competencia. En la competencia del sufrimiento, he visto un mal peor. Hay una forma de participar, aunque muchísimo más sutil, que es también más sucia. Esta participación se viste de piedad, pero en realidad es una transgresión adornada. Hablo de la lamentable participación de meter a Cristo mismo al cuadrilátero con el que sufre.

Hacemos esto cuando respondemos al dolor comparándolo con el de Cristo. Detesto confesarlo, pero he hecho esto en varias ocasiones, tanto con otros como conmigo misma. En más ocasiones de las que me gustaría admitir, he traído a mi mente pensamientos como: «Qué vergüenza, Cristo sufrió tanto y yo lamentándome por esto tan pequeño»; «Jesús soportó la cruz y yo paralizada por nada»; «Perdóname, Señor, porque seguramente ya te cansé con este tema, tú callaste en medio de tu dolor y yo continúo llorando por esto». También pensamientos hacia los demás: «Ya, no exageres, esto no es nada en comparación con lo que Cristo sufrió por ti. ¡Alégrate!»; «Jesús sufrió mucho más que tú y continuó con buena actitud de servicio, ¿por qué tú no?».

Estas afirmaciones suenan muy espirituales, pero en realidad son evidencia de una gran falta de entendimiento de la obra y el carácter de Cristo. Cuando usamos un argumento así, estamos finalmente usando el mayor consuelo de Dios al hombre como herramienta para afligir. No hay manera más impropia de usar la gracia.

EL ANTÍDOTO A LA CONSOLACIÓN COMPETITIVA ES CRISTO

El cual, aunque existía en forma de Dios, no consideró el ser igual a Dios como algo a qué aferrarse, sino que se despojó a Sí mismo tomando forma de siervo, haciéndose semejante a los hombres. Y hallándose en forma de hombre, se humilló Él mismo, haciéndose obediente hasta la muerte, y muerte de cruz (Fil. 2:6-8).

Cristo es el ejemplo perfecto del amor compasivo para el prójimo. Él se despojó a sí mismo para tomar la posición de siervo, dejó Su comodidad para servirnos con Su vida y Su muerte, trayendo el mayor consuelo para la humanidad: la salvación. Quisiera que pienses por un momento en que Cristo es Dios, Sus deseos son plenamente santos, Él es completamente digno de Su bienestar y gloria, y habría permanecido perfectamente justo al dejarnos sin consuelo ni esperanza. Mas Dios Hijo nos amó tanto que no se aferró a ser igual a Dios, sino que tomó forma de siervo, sirviendo con Su vida y con Su muerte a estos pobres pecadores que solo merecían la muerte.

Imagina si Cristo participara de esta competencia de consuelo; te aseguro que nuestros lamentos cesarían en vergüenza. Si Cristo contrastara Su dolor con el nuestro cada vez que derramamos lágrimas ante Él, nunca llegaríamos a conocer el consuelo verdadero. Él es el único que podría con justicia decir que Su dolor no tiene comparación con el nuestro. Sin embargo, vemos a un Dios tierno, presto a escuchar nuestros lamentos y a condolerse junto a nosotros. Cristo nunca participa en la competencia del sufrimiento, por lo contrario, se compadece realmente de nosotros.

Pero Él fue herido por nuestras transgresiones,
Molido por nuestras iniquidades.
El castigo, por nuestra paz, cayó sobre Él,
Y por Sus heridas hemos sido sanados (Isa. 53:5).

Jesús no sufrió para dejar en ridículo nuestro sufrimiento, sino para sanarlo. Nuestro sufrimiento fue tan doloroso e importante para

Él que estuvo dispuesto a servirnos con Su sufrimiento para que, algún día, ya no suframos jamás. Su castigo no fue nuestro castigo ni vergüenza, fue nuestra paz. Sus heridas no fueron Su manera de minimizar nuestro dolor, sino de atenderlo y consolarlo. El que llora puede observar la cruz como la gran muestra del gran amor del Salvador, quien no vino para traer culpabilidad o vergüenza a su dolor. Por el contrario, Su sufrimiento es nuestro consuelo, y a través de Su dolor, encontramos sanidad para el nuestro.

> *Damos un falso consuelo cuando respondemos al dolor de alguien contrastándolo, en lugar de consolarlo con el de Cristo.*

Regresando a la ilustración del cuadrilátero, estoy convencida de que si Jesús entrara con el sufriente... no pelearía. En lugar de dar el primer golpe, extendería Sus manos y pies horadados para abrazarlo y para enjugar sus lágrimas. Jesús le mostraría Sus heridas ensangrentadas para sanarlo y lo consolaría con las dulces palabras: «¡Consumado es!» (Juan 19:30).

Finalmente, el sufrimiento nunca es una competencia. Evitemos pensar en alguien más que no sea ese sufriente. Procuremos estar tan plenos en Dios y en las buenas noticias de la obra de Cristo que podamos amar a los que lloran como para buscar servirlos, en lugar de servirnos de ellos. Seamos generosos con nuestra atención. Escuchemos para entender, no para responder, mucho menos para competir.

Si vemos que constantemente utilizamos el sufrimiento de los demás para entrar al cuadrilátero y robar reflectores, pensemos si verdaderamente hemos sido receptores de la gracia salvadora de Cristo. Recapacitemos y veamos si hemos comprendido cuán ancho, cuán alto y cuán profundo es Su amor por nosotros, pues puede ser que continuemos en la implacable e imposible búsqueda de identidad y amor fuera de Él (Ef. 3:14-21). Amado, nada sacia nuestro corazón, solo Cristo. Solo Él puede tratar con nuestros dolores de tal manera que nos liberta para vivir vidas que no estén centradas en nosotros mismos.

> *El tierno consuelo de Cristo nos capacita para dejar de competir y comenzar a consolarnos. El antídoto para evitar convertirnos en consoladores competitivos es la plenitud en Cristo.*

Cuando abrazamos tal gracia entregada por Jesucristo y somos consolados por Él, entonces somos libres de la insaciable búsqueda de amor, identidad y aprobación. Si sabemos que somos amados y perdonados por la obra perfecta de Cristo, ya dejamos de buscar y necesitar el protagonismo, puesto que entendemos que el único digno de gloria es Él. El tierno consuelo de Cristo nos capacita para dejar de competir y comenzar a consolarnos. El antídoto para evitar convertirnos en consoladores competitivos es la plenitud en Cristo.

¡Corre a Cristo!

Contempla Su gran dolor en la cruz anunciando Su inmenso amor por nosotros y la excelente salvación que nos ofrece. Contempla Su cuidado por los que lloran y deja que Su corazón hacia los vulnerables y débiles de este mundo se forme en el tuyo.

PREGUNTAS DE REFLEXIÓN

1. ¿Recuerdas alguna ocasión en la cual alguien haya respondido a tu dolor participando en la competencia del sufrimiento? ¿Cómo te hizo sentir?

_____

_____

_____

2. ¿Has participado en la competencia del sufrimiento? ¿Cómo?

_____

_____

_____

3. ¿A qué te inclinas más? ¿A competir como protagonista o como representante?

_____

_____

_____

4. ¿Por qué crees que somos tentados a ser consoladores competitivos?

_____

_____

_____

5. ¿Has utilizado alguna vez el sufrimiento de Cristo para consolar o para avergonzar el sufrimiento de los demás, o aun el tuyo?

_____

_____

_____

6. ¿Cómo crees que el evangelio nos libera de participar en esta competencia? ¿Cómo nos capacita para buscar oportunidades de servicio en vez de competencia ante el sufrimiento de los demás?

_____

_____

_____

7. ¿Cómo puedes poner en práctica esta semana el escuchar para entender y no para responder?

_____

_____

_____

8. ¿Hay alguien a tu alrededor a quien puedas acompañar y extender consuelo?
¿Cómo crees que podrías servirlo esta semana?

_____

_____

_____

ESPERANZA PARA
LOS CONSOLADORES
INEFICACES

Alma mía, espera en silencio solamente en Dios,
Pues de Él viene mi esperanza.
(Sal. 62:5)

Puedo imaginar el alivio que sentiste cuando leíste el título de este capítulo. Mi intención es que este capítulo cause en ti el mismo efecto que produce el salir a la superficie después de estar unos segundos bajo el agua. Es muy posible que los primeros cuatro capítulos se sintieran como estar bajo el remolino de una ola mientras sostienes la respiración, por lo que es probable que para este punto del libro, te sientas un poco entre la culpa y el consuelo.

Seguramente, te has identificado con algún tipo de consolador artificial o, si eres como yo, con todos en algún grado. Quizás te sientas apenado por las palabras que hablaste a un sufriente, por tu insensibilidad ante sus lágrimas, por tu imprudencia, por las falsas esperanzas que ofreciste, por competir o por haber dado explicaciones simplistas ante su dolor. Si caes en alguna de esas actitudes, quiero que sepas que escribí este capítulo especialmente pensando en ti.

Estoy convencida de que este no es un libro que leería alguien que tenga una mala actitud hacia el sufriente. Si escogiste este libro de entre todas las opciones de la librería, si te lo regalaron y dispusiste de tu tiempo para leerlo o si tu iglesia decidió compartirlo en un estudio bíblico, doy por hecho que Dios ha inquietado tu corazón para desear aprender a caminar con otros en su dolor. El propósito del libro no es inculpar a nadie, sino reconocer que hay gracia y esperanza de parte de Dios para los consoladores ineficaces como nosotros.

¿QUÉ PASÓ CON LOS ⫸ CONSOLADORES MISERABLES ⫷ DE JOB?

En el segundo capítulo, vimos que finalmente Dios reprende a los amigos de Job por sus falsas acusaciones, su falta de compasión y su arrogancia. Pero hay un aspecto muy importante en esta historia que comúnmente pasamos por alto con respecto a ellos:

«Ahora pues, tomen siete novillos y siete carneros, vayan a Mi siervo Job y ofrezcan holocausto por ustedes, y Mi siervo Job orará por ustedes. Porque ciertamente a él atenderé para no hacer con ustedes conforme a su insensatez, porque no han hablado de Mí lo que es recto, como Mi siervo Job». Y Elifaz el temanita, y Bildad el suhita y Zofar el naamatita fueron e hicieron tal como el Señor les había dicho; y el Señor aceptó a Job. Y el Señor restauró el bienestar de Job cuando éste oró por sus amigos; y el Señor aumentó al doble todo lo que Job había poseído (Job 42:8-10, énfasis personal).*

¿Lo puedes ver? El Dios que mostró gracia a Job es el mismo que mostró gracia a sus amigos. Dios no solamente consoló a Job, sino que también consoló a estos consoladores miserables por medio de la oración y del sacrificio. Realmente es fascinante que Dios haya usado a Job como medio para restaurar a sus amigos. Piénsalo: Dios podría haber usado cualquier otro medio, pero Su voluntad fue hacerlo por medio de la persona receptora de sus ofensas. La compasión de nuestro Dios es conmovedora. Aunque estos consoladores ineficaces llegaron a acusar a Job con dureza, Dios llama a Job mismo a que se compadezca e interceda por ellos. Es casi como si Dios no deseara restaurar el bienestar de Job sin restaurar también el de sus amigos. Job actuó como sacerdote, ofreció holocausto por el pecado y oró por ellos para que Dios no los tratara conforme a lo que merecían. Todo esto fue motivado por el corazón compasivo de Dios.

Esta misma gracia está disponible para ti hoy en Jesús.

Jesús es un mejor Job. El patriarca sufrió pérdidas materiales, familiares y físicas, mientras que Jesús sufrió inmensamente en la cruz al cargar en Sí mismo toda la ira de Dios para pagar el precio del pecado. Jesús es un mejor Job porque, siendo inocente, llevó sobre Sí mismo el sufrimiento y la injusticia del mundo de manera perfecta y redentora, abriendo el camino para que pudiéramos tener una relación restaurada con Dios. Job ejerció como sacerdote con sus amigos y así también Jesús es nuestro sumo Sacerdote perfecto que intercede a nuestro favor. A diferencia de Job, Jesús fue también el sacrificio perfecto entregado por nosotros para el perdón de nuestros pecados. A Dios le plació darnos a Cristo, receptor de nuestras ofensas y pecados, para que intercediera perfecta y eternamente por nosotros, para que recibiéramos vida en Su nombre y fuéramos tratados conforme a Su gracia, y no conforme a nuestras transgresiones. Jesús verá un día el fruto de la aflicción de Su alma y quedará satisfecho (Isa. 53:11). Él recibirá la recompensa total de Su dolor y Su promesa es que Su Iglesia será parte de Su reino eterno. Su glorificación es la certeza de la nuestra, y gracias a Su obra, gozaremos de Él para siempre.

CONSUELO PARA TODOS SIN DISTINCIÓN BAJO LA CRUZ DE JESUCRISTO

Hay gracia para todos los consoladores ineficaces como nosotros porque Jesús cargó en la cruz toda nuestra arrogancia, impaciencia, insensibilidad, imprudencia, ignorancia, apatía y falta de compasión y amor. Él también redimió en la cruz nuestros consuelos. ¡Qué gran descanso!

También, bajo la sombra de la cruz, estamos los ofensores y los ofendidos. Jesucristo también redimió en la cruz nuestras relaciones. Somos llamados, al igual que Job, a ser misericordiosos y pacientes con nuestro prójimo, aun con nuestros consoladores miserables, porque esa inmensa misericordia fue demostrada a nuestro favor en el Calvario. La cruz comunica la gran compasión de Dios, pues no solamente nos perdona a través de Su sacrificio perfecto, sino que también nos capacita para perdonarnos unos a otros. Nuestro Dios no solamente quiere que seamos receptores de Su perdón, sino que también quiere que seamos emisores del amor que nos ha dado.

Hay gracia en el corazón de Dios para ti si has sido un consolador miserable. También hay esperanza redentora para restaurar la relación afectada.

¡Qué gran bondad y sabiduría de Dios reveladas en la cruz! Es el consuelo aun para el dolor de ser malos consoladores. El consuelo de la cruz abarca la gran gracia del perdón y de la restauración a vida nueva, los cuales sin duda traen a nuestra alma paz y descanso inigualables. Pero estos consuelos penden de una verdad todavía mayor. He encontrado que la cruz anuncia una realidad que, al ser abrazada, da alivio a un alma sofocada, como el aire a los pulmones después de salir a flote del agua. Esta realidad contiene dos caras de una misma moneda que tienen, por un lado, una cruda verdad y, por el otro, una gran esperanza que no debemos olvidar a la hora de consolarnos.

> La cruda **verdad** es que somos insuficientes.
> La gran **esperanza** es que Dios no lo es.

A nadie le gusta que le digan que es insuficiente. Para este siglo que celebra la autosuficiencia humanista, es vergonzoso reconocer con humildad nuestros límites. Sin duda, es doloroso darnos cuenta de que somos consoladores ineficientes. Duele reconocer que fallamos por nuestra falta de compasión, por nuestra impaciencia, desamor, silencio y palabras de más. El dolor por nuestra ineficacia es real, y por eso incluí este capítulo, porque también necesitamos consuelo ante el dolor de ser malos consoladores. Pero la realidad es que necesitamos reconocer nuestra debilidad para poder disfrutar del regalo de este consuelo.

Mis padres me enseñaron una lección cuando era todavía una adolescente. Yo deseaba el iPhone más nuevo de ese tiempo, pero era bastante más costoso que cualquier otro teléfono inteligente del momento. Cuando lo pedí como regalo de Navidad, me dijeron que era demasiado caro, y que debía conformarme con otro más barato. No me gustó para nada su respuesta, pero lo acepté a regañadientes. Llegaron las vísperas navideñas y mis padres me dieron un regalo con una envoltura muy extraña. Estaban muy emocionados, y eso me hizo pensar que sería el iPhone que tanto deseaba. Con prisa y de una manera casi salvaje, destruí la envoltura. Fue decepcionante encontrarme con la caja de un celular bastante viejo. Me sentí triste e indignada porque no solo no era el regalo que esperaba, sino que era mucho peor de lo que imaginaba. Quise reclamar en ese mismo momento, pero sus rostros irradiaban tanta alegría que no pude más que sonreír, abrazarlos y agradecerles su regalo. Me sentí realmente agradecida por tener unos padres que me amaban y que manifestaban una emoción sincera al darme ese regalo.

La verdad es que no estaba muy interesada en terminar de abrir la caja. Me distraje con otras cosas y, poco después, ya estaba por irme a mi cuarto, cuando mis padres me dijeron: «Karen, ábrelo». Con mi corazón ya resuelto en humildad y gratitud por el esfuerzo de mis padres para comprarme el celular que pudieron, abrí la caja y me encontré en el interior el iPhone que tanto deseaba.

Mis papás querían darme una lección de humildad. Deseaban ver si podía alegrarme con su generosidad a pesar de no recibir lo que realmente quería. Ese día, recibí un mejor regalo que un iPhone nuevo. Aprendí que la humildad y la gratitud permiten que podamos disfrutar de todos los regalos, sin importar si son feos o bonitos.

El consuelo que Dios tiene para nosotros es un regalo parecido al que me dieron mis padres. Este regalo podría venir en una envoltura no muy llamativa, pero si lo recibimos y abrimos, encontraremos un tesoro incomparable. La envoltura poco llamativa representa nuestra insuficiencia, la cual nos lleva a la humildad, mientras que el regalo incomparable que esconde es la suficiencia de Dios. Primero, es necesaria la humildad para poder apreciar el poder de Dios. Esa es la razón por la cual reconocer nuestros límites deja de ser vergonzoso y comienza a ser un consuelo para nosotros. La humildad es la vía para experimentar la plenitud de Dios.

NO SOMOS CONSOLADORES PERFECTOS

Es cierto que podemos y debemos aprender a ser mejores consoladores. Sin embargo, la realidad es que jamás seremos perfectos para dar consuelo. La buena noticia y el gran consuelo es que tampoco tenemos que serlo. Una de las verdades más simples, pero que más tenemos que recordar, es que Dios es Dios, y no lo somos nosotros. Nuestra compasión es limitada, pero Dios se compadece perfectamente. Nosotros nos distraemos con facilidad y olvidamos el dolor de los demás; Dios no pasa por alto nada y nunca olvida. Nosotros somos limitados en nuestros recursos; Dios tiene una fuente inagotable. Nosotros podemos ausentarnos; Dios siempre está presente. Nosotros no conocemos todo; Dios todo lo sabe. Nosotros somos consoladores ineficaces; Dios es el Consolador perfecto.

Pablo entendió que no somos llamados a ser consoladores perfectos, sino que somos llamados a descansar en el poder y la gracia de Dios para traer consuelo a aquellos que sufren:

Y Él me ha dicho: «Te basta Mi gracia, pues Mi poder se perfecciona en la debilidad». Por tanto, con muchísimo gusto me gloriaré más bien en mis debilidades, para que el poder de Cristo more en mí (2 Cor. 12:9).

A ninguno de nosotros le gusta reconocerse débil, pero cuando entendemos que nuestra debilidad es un medio para que el poder de Dios se haga evidente, entonces aprenderemos a gloriarnos en ella. No somos Dios; somos débiles, pero podemos experimentar Su poder cuando reconocemos que Su gracia es suficiente para nosotros y para ayudarnos a consolar a otros. Aunque es fácil saber lo anterior, es más difícil vivir conforme a esa realidad. Muchas veces, nos encontramos viviendo como si fuéramos perfectos, pero esa actitud nos llena de ansiedad, depresión y temores porque hemos olvidado que somos seres limitados. Queremos atenderlo todo, solucionarlo todo, y de manera práctica, tratamos de vivir como salvadores funcionales de los que lloran. Esto es increíblemente pesado, por lo cual debemos reconocer con humildad que no somos Dios; de lo contrario, nuestra alma no descansará, ni haremos ningún bien al sufriente.

Amados, Cristo jamás se habría encarnado si pudiéramos salvarnos los unos a los otros. Que Jesús haya descendido para buscar y salvar nos reafirma que no había otra forma de salvarnos. Tú y yo no necesitábamos principalmente un buen político, un buen consejero o un magnífico terapeuta; necesitábamos un Salvador. Por lo tanto, lo mejor que un consolador puede hacer es encaminar al que sufre a Cristo mismo. Somos realmente consoladores más eficaces cuando damos a Cristo, pues Él sí es suficiente para sanar el alma dolida.

Gracias a Dios por nuestros errores, nuestra insuficiencia y nuestras faltas, pues nos recuerdan que no somos imprescindibles para el que sufre. Sin duda, Dios nos dio el gran regalo de poder acompañarnos y consolarnos unos a otros en nuestros dolores, pero este consuelo mutuo jamás fue diseñado para que sucediera sin Él como el agente central y la fuente del consuelo. Tanto el consolador como el consolado dependen por completo de Jesús. La buena noticia es que Él es el más interesado en los débiles y vulnerables de este mundo.

Estamos terminando la primera parte del libro. En la siguiente sección, veremos cómo Dios es el gran Consolador, con el fin de entender que tenemos un refugio amplio y seguro al que podemos acudir en nuestros sufrimientos y al que podemos invitar a otros sufrientes para encontrar descanso. Este gran Consolador ha desplegado Su corazón en el evangelio, y hacemos bien al contemplar Su corazón repleto de amor por el sufriente.

Ya he dicho que, para consolar, no hace falta que tengas todas las respuestas ni tampoco todos los recursos o que seas perfecto. Está bien que reconozcamos nuestra insuficiencia y debilidad, porque en ellas se manifiesta el poder de Dios. Entonces, no seas tímido ni orgulloso en volver a los sufrientes para pedirles perdón si con tu debilidad o insuficiencia los llegaste a lastimar. Tu actitud puede ser una gran herramienta para recordarle al que sufre que ambos necesitan a Cristo. Tampoco tengas miedo de decirle que no sabes cómo ayudarlo, pues pueden caminar juntos hacia Aquel que sí lo sabe. Oren juntos. Acércate en debilidad ante tu Dios para pedirle sabiduría y un corazón compasivo. Vive diariamente en las Escrituras, pues ellas tienen todo lo necesario para moldear tu corazón en compasión conforme al ejemplo de Jesucristo y ayudarte a llorar con los que lloran.

Una vez más, si te has identificado como un consolador que ha dado consuelos artificiales que terminaron hiriendo en vez de consolar, recuerda que aún hay gracia disponible, porque en Cristo hay perdón para transformarnos en consoladores compasivos.

En esta primera sección del libro, aprendimos lo alejados que podemos estar del corazón compasivo de Cristo. Conocimos cuatro tipos de consoladores artificiales en los que comúnmente nos convertimos a la hora de consolar, y pudimos reconocer sus consuelos hirientes. Ahora, te invito a que caminemos juntos hacia la siguiente sección, donde veremos a Dios como el gran Consolador y a Cristo como Su consuelo por excelencia para todo corazón que llora.

PREGUNTAS DE REFLEXIÓN

1. ¿Cómo te da esperanza que Dios haya mandado a Job a interceder por sus consoladores miserables?

_____

_____

_____

2. ¿Por qué Jesús es un mejor Job? ¿Cómo te consuela esta verdad?

_____

_____

_____

3. ¿Alguna vez te has encontrado consolando desde un complejo de mesías? ¿Cómo afecta este complejo al consolador y al sufriente?

_____

_____

_____

4. ¿Por qué crees que la humildad es necesaria para el consolador ineficaz?

_____

_____

_____

5. ¿Por qué la suficiencia de Dios es el mayor consuelo para los consoladores ineficaces?

_____

_____

_____

6. ¿Por qué crees que afirmo que Cristo es el consuelo de Dios por excelencia a la humanidad?

_____

_____

_____

7. ¿Hay algún sufriente a quien tengas que pedirle perdón por haberlo herido con consuelos artificiales? ¿Cómo puedes llevarlo a la suficiencia y la gracia de Cristo esta semana?

_____

_____

_____

PARTE 2

EL GRAN CONSOLADOR:

¡DALES A CRISTO!

¡NO TE SALTES ESTA SECCIÓN!

Si has llegado hasta esta segunda parte del libro, es porque no quieres continuar siendo un consolador ineficaz. Estás a punto de entrar a la parte más teológica de este libro. Puede ser que seas tentado a adelantarte hasta la última sección, ya que es la más práctica, pero quisiera pedirte de todo corazón que no lo hagas. Quizás la frase «la parte más teológica» te haya sonado teórica y hasta compleja. Es posible que hayas esperado que este libro sea más práctico, pero debo advertirte que, si primero no renovamos nuestra mente con la Palabra de Dios, nuestro actuar seguirá siendo desinformado, superficial y hasta inútil.

Es necesario prestar suma atención al mirar a Dios como el gran Consolador, y no solo para ayudar a otros, sino para ser transformados por Él, para que nuestros actos sean fruto de una relación y no simplemente de seguir un manual. Los seres humanos somos complejos; no podemos simplificarnos como para que entremos en un mismo molde. Por ello es esencial que primero tu corazón cambie antes que tus actos, pues si intentamos seguir solo un par de reglas y pasos, nos encontraremos con personas, casos y aun nuestras propias realidades en los cuales no aplicarán esas reglas. La meta fundamental del evangelio es que nuestro corazón sea más como el de Cristo, pues al serlo, nuestros afectos y actos también lo serán. En este libro, busco presentar algunos principios que te ayudarán a ser un mejor consolador, pero sobre todo, anhelo mostrarte el corazón de Dios que nos transforma, modela e impulsa al amor y al servicio al prójimo conforme al ejemplo supremo de nuestro Señor Jesucristo.

Hemos llegado a la sección más importante de este libro. En la primera sección, vimos algunos tipos de consoladores artificiales con los que muchos de nosotros podemos identificarnos. Ahora me emociona entrar a esta sección, donde contemplaremos al gran Consolador y Su gran consuelo. Ha sido mi oración que la lectura de la primera sección te haya inquietado y, bajo la guía del Espíritu Santo, hayas dispuesto tu corazón a buscar ser un mejor consolador. Esto es bueno y necesario. Sin embargo, debo advertirte que nuestra forma de buscarlo es donde comúnmente fallamos.

Muchos de nosotros tendemos a pasar largas horas contemplándonos a nosotros mismos en nuestro deseo de cambiar. Dedicamos horas y horas a repasar y analizar nuestro comportamiento con el fin de mejorar, pero he encontrado en mi propia vida que eso solo trae frustración y realmente es de poco provecho. En cambio, contemplar a Dios trae un efecto transformador sin igual. Estoy convencida de que no hay nada más provechoso y santificador que dedicar nuestra vida a la contemplación de Dios. Sí, es para tu propio beneficio espiritual, pero también para el de los que te rodean. Pasar largas horas contemplando a Dios moverá tus afectos por Él y se evidenciará en una mayor conformidad de tu carácter al de Él, y esa realidad transformada hará que puedas mostrarles a los sufrientes que te rodean las excelencias de Cristo. Esa es la razón por la que creo que esta sección es esencial y la más importante para el propósito de este libro. Considerar a Dios por sobre todo nos ayudará a encontrar la gracia para ser consoladores que estén cada vez más modelados conforme a Su corazón.

Quiero que sepas que mi mayor deseo y oración al escribir este libro es que te ayude a obtener una visión más alta y clara de nuestro Dios. Si al leer este libro no ves más de la belleza y las glorias de Cristo, entonces consideraré que he fallado en mi tarea y te he hecho perder el tiempo. Me he esforzado mucho para que esta mente finita y esta mano limitada puedan mostrarte aunque sea un poco más del corazón y del consuelo de nuestro gran Dios, pues eso es todo lo que necesitamos.

PADRE DE MISERICORDIAS Y DIOS DE TODA CONSOLACIÓN

Bendito sea el Dios y Padre de nuestro
Señor Jesucristo, Padre de misericordias y
Dios de toda consolación.
(2 Cor. 1:3)

¿QUÉ VIENE A TU MENTE CUANDO ESCUCHAS QUE DIOS ES COMPASIVO?

Quizás lo puedes afirmar con alegría y convicción, o podría ser que vengan a tu mente miles de razones para dudarlo. Quisiera decirte que no estás solo si tienes dudas sobre la compasión de Dios. Durante siglos, la humanidad ha luchado con el dilema entre la bondad de Dios y la existencia del mal. Muchos filósofos han cuestionado y negado tanto la bondad de Dios como Su existencia. Podríamos preguntarnos: «Si Dios existe, ¿por qué hay tanto sufrimiento en el mundo? ¿Cómo es que un Dios bueno y compasivo permite que sucedan cosas malas? Si Dios es bueno, ¿por qué existe el mal?».

Entre los siglos IV y III a. C., el filósofo griego Epicuro de Samos[1] formuló lo que ahora se conoce como la paradoja de Epicuro. En resumen, la paradoja es esta:

¿Será que Dios quiere prevenir el mal, pero no es capaz? Entonces, no es omnipotente. ¿Es capaz, pero no desea hacerlo? Entonces, es malévolo. ¿Es capaz y desea hacerlo? ¿De dónde surge entonces el mal? ¿Será que no es capaz ni desea hacerlo? Entonces, ¿por qué llamarlo Dios?[2]

Puede ser que en lo recóndito de tu corazón permanezca esta misma paradoja. Quizás, al ver los horrores y estragos del sufrimiento en la vida de tu madre, tu hijo, tu hermano, tu amigo o aun tu propia vida, te hayas cuestionado si realmente Dios es compasivo. ¿Cómo es que un Dios bueno permitió que Anke perdiera a ambos padres en cuestión de meses? ¿Cómo un Dios bueno permite que mi amiga Ale tenga cáncer a los veintisiete años? ¿Cómo existe un Dios bueno cuando hay padres que pierden a sus hijos? ¿Por qué si existe un Dios todopoderoso y bueno no nos ha dado hijos? ¿En verdad podemos decir que el corazón de Dios es compasivo?

De pequeña, era muy temerosa. Solía escabullirme al cuarto de mis padres a medianoche atormentada por mi propia imaginación. Durante la noche, imaginaba monstruos en todo lugar y eso me llevaba a correr a mis padres o a mis hermanos. Esa misma imaginación y mi casi nula educación religiosa hicieron que, desde mi infancia, creara a un dios temible que castigaba con severidad a los que fallaban. Pensaba que Dios era un señor gruñón todopoderoso con problemas de ira que observaba día y noche toda la tierra, listo para castigar a los que lo irritaran. Este pensamiento me aterrorizó hasta mis diecisiete años, cuando me presentaron al Dios de la Biblia. Es importante lo que creemos sobre Dios, porque terminará afectando toda nuestra vida. A. W. Tozer explicó esa realidad muy bien:

---

[1] Gabriela Briceño V., https://www.euston96.com/paradoja-de-epicuro/ (último acceso: 22 de noviembre de 2023).

[2] John Hospers, *An Introduction to Philosophical Analysis* (Londres, Reino Unido: Routledge, 1990), p. 310.

Lo que nos viene a la mente cuando pensamos en Dios es lo más importante de nosotros.

Es probable que la historia de la humanidad señalará que ningún pueblo se ha alzado a niveles más altos que su religión, y la historia espiritual del hombre demostrará que ninguna religión ha sido jamás más grande que su concepto de Dios. La adoración será pura, o baja, según el lugar en que el adorador tenga a Dios.

Por esta razón, la cuestión más importante que la Iglesia tiene delante siempre será Dios mismo, y la realidad más portentosa acerca de cualquier ser humano no es lo que él pueda decir o hacer en un momento dado, sino la forma en que concibe a Dios en lo más profundo del corazón. Por una ley secreta del corazón, tenemos la tendencia de acercarnos hacia la imagen mental de Dios que poseamos. Esto no es cierto solamente con respecto al cristiano de manera individual, sino también con respecto al conjunto de cristianos que forma la Iglesia. Lo más revelador acerca de la Iglesia será siempre su idea de Dios...[3]

Es sumamente importante lo que creemos sobre Dios, ya que nuestra forma de pensar, sentir y actuar es informada por nuestra idea de Dios. En otras palabras, nuestra manera de vivir es siempre una evidencia de lo que pensamos sobre Dios. Una vida sin paz puede ser producto de un concepto frívolo y lejano de Dios. Una vida llena de ansiedad puede evidenciar una opinión sobre Dios como alguien que es, al mismo tiempo, indiferente y demandante. Alguien que brinda consuelos artificiales evidenciaría una falta de conocimiento del amor, la compasión y la gracia de Dios. Tener una idea de Dios no es solo para los creyentes, porque hasta los ateos tienen una. La pregunta aquí es: ¿cuál es la fuente de nuestro conocimiento de Dios?

Este mundo está lleno de fuentes que constantemente están vertiendo en nosotros alguna idea de Dios. Algunas de estas fuentes son fieles al Dios de las Escrituras y otras son falsas y alejadas del Dios

---

[3]. A. W. Tozer, *El conocimiento del Dios santo* (Deerfield, FL: Editorial Vida, 1996), p. 7.

verdadero. Hay fuentes que rápidamente detectamos como falsas, pero hay otras mucho más sutiles. Podríamos, por ejemplo, identificar rápidamente que el cine en general es una fuente desconfiable, pero aun hay películas categorizadas como cristianas que comunican una idea falsa sobre Dios. La música y el arte, en su mayoría, podrían ser identificados como fuentes desconfiables, pero incluso hay producciones dentro de estas categorías con etiqueta cristiana que no son fuentes fieles. Tristemente, aun hay pastores y maestros en la iglesia que no son fuentes fiables de conocimiento de Dios. Es más, podría ser que incluso nuestra imaginación sea una fuente engañosa, tal como me sucedía cuando era pequeña. Entonces, ¿de dónde obtenemos el conocimiento de Dios? ¿Cómo comprobamos Su compasión?

LA FUENTE MÁS CONFIABLE Y SEGURA PARA CONOCER A DIOS

Si todo en este mundo es débil y falible, entonces debemos buscar conocimiento fiel de Dios de otra fuente que sea realmente segura. La única fuente perfecta es Dios mismo. Necesitamos recurrir a Sus medios de comunicación para conocerlo. Por ejemplo, el Salmo 19 es un poema escrito prodigiosamente. En ese bello cántico, encontramos a David gozándose en el conocimiento de Dios obtenido a través de dos medios: las obras y las palabras de Dios. En su libro *El tesoro de David,* sobre el Salmo 19, Spurgeon comenta que David fue un devoto estudiante de los dos grandes libros de la revelación de Dios: la naturaleza y la Biblia.[4] Dios misericordiosamente se ha dado a conocer a nosotros por estos medios. Los siguientes pasajes nos dicen que la creación nos habla de la gloria de Dios. Por medio de la naturaleza, conocemos Su infinito poder, divinidad y sabiduría.

Los cielos proclaman la gloria de Dios,
Y el firmamento anuncia la obra de Sus manos (Sal. 19:1).

---

[4] Charles H. Spurgeon, con notas y texto ampliado de Eliseo Vila, *El tesoro de David: La revelación escritural a la luz de los Salmos* (Barcelona, España: Editorial Clie, 2015). Tomo I, p. 481.

Porque desde la creación del mundo, Sus atributos invisibles, Su eterno poder y divinidad, se han visto con toda claridad, siendo entendidos por medio de lo creado, de manera que ellos no tienen excusa (Rom. 1:20).

Mi esposo y yo disfrutamos mucho los documentales sobre la naturaleza. Siempre terminamos maravillándonos por el gran detalle y la perfección evidentes en cada una de las criaturas y creaciones de Dios. Al ver tal excelencia en la creación, es imposible no ver la portentosa mano de Dios detrás. Pablo insiste en esto al elevar el conocimiento de Dios por medio de la naturaleza como una de las razones por las que ningún humano tendrá excusa de haber ignorado a Dios. Sin embargo, aunque la creación nos revela mucho de la gloria de Dios, la Escritura es la que la pone en evidencia con gran esplendor. La naturaleza nos muestra mucho de Dios, pero no puede mostrarnos Su carácter, Su voluntad, Su gracia y Su compasión tal como lo hace Su Palabra. Eliseo Vila explica esta doble fuente de revelación de Dios con las siguientes palabras:

Dios tiene dos clases de libros; a saber, el libro de la creación, un libro común abierto y accesible a todos los seres creados: Los cielos cuentan la gloria de Dios (Sal. 19:1-6); *y el libro de sus Estatutos, las Escrituras, abierto sólo a estudiantes privados y amigos personales, esto es, la Iglesia; La ley de Jehová es perfecta, que convierte el alma* (Sal. 19:7,8).[5]

La creación nos muestra varios fundamentos sobre la existencia y la naturaleza de Dios a todos sin distinción, pero la Palabra de Dios es la ventana por la cual los creyentes podemos contemplar a Dios con claridad y precisión. Él entregó las Escrituras a Su pueblo para que conociéramos Su corazón. Las Escrituras son el lienzo en el cual podemos ver desplegada la compasión de Dios. Esta obra de arte divina traza desde Génesis hasta Apocalipsis las misericordias y los consuelos divinos, mostrándonos un gran panorama del carácter del Dios trino.

Otro de los pensamientos populares pero equivocados es la idea de que el Dios del Antiguo Testamento es distinto al del Nuevo

---

[5.] *Ibid.* P. 484.

Testamento. Nos es fácil trazar Su compasión en el Nuevo Testamento, pero para muchos, se encuentra extraviada en el Antiguo. Me es fascinante meditar en el salmista de Israel, David, quien nunca leyó el Nuevo Testamento, ya que fue escrito casi un milenio después de él, y aun así ver que dedicó muchísimos salmos a magnificar y deleitarse en la compasión, la misericordia y el amor de Dios. ¿Qué conocimiento de Dios tenía David para proclamar de esta manera la compasión de Dios? El que conoció en la Torá (el conjunto de los cinco primeros libros del Antiguo Testamento) y el testimonio de la presencia amorosa de Dios que pudo comprobar en su propia vida.

Dios es el mismo ayer, hoy y siempre (Heb. 13:8). Esto significa que Dios siempre ha sido misericordioso y compasivo. Quisiera pedirte que me acompañes en un recorrido rápido por las Sagradas Escrituras para que compruebes junto conmigo la realidad del corazón compasivo de Dios.

LA COMPASIÓN DE DIOS A LO LARGO DE LA BIBLIA

La Biblia comienza con el libro de Génesis y la narración de la creación. Considero personalmente que el simple y a la vez portentoso acto de la creación es la primera evidencia que tenemos de la compasión de Dios. Mi conclusión se basa en mi entendimiento de algunos de los atributos de Dios. Considera Su omnisciencia, es decir, Él conoce absolutamente todo. Ese atributo de Dios me lleva a pensar que, en el momento en que nos estaba formando, Él sabía que estaba creando a seres que llevarían a una cruz a Su propio Hijo. Aun así, ¡misericordiosamente, decidió crearnos!

Hay un atributo poco conocido de Dios que los teólogos han definido como la «aseidad» de Dios. Este atributo divino significa que Él existe en sí mismo y es autosuficiente. Dios no puso de un lado de la balanza lo que le costaría crearnos y en el otro lado Sus beneficios al crearnos. Él no necesita nada. No depende de cosa alguna para existir o ser completo. Es eterno, independiente e ilimitado. Existe por sí mismo y es la fuente suprema de todo. Bastan solo estos dos atributos para poder mirar a Dios y la creación con otros ojos.

Dios no nos creó por necesidad. ¡Él no nos necesita! No nos creó para que fuéramos seres que le dieran propósito, dignidad o valor, pues Él está completo en sí mismo. Ni tú ni yo añadimos algo a la divinidad. Si malentendemos esta realidad, podríamos entristecernos, pero al comprenderla en su dimensión real, debería producir todo lo contrario. Dios no creó a la humanidad por necesidad, sino por amor. Desde Su autosuficiencia y perfección, nos hizo por el puro placer de Su corazón. La creación no fue un acto egoísta, sino un desborde de generosidad. Nos creó para que disfrutemos de una relación con Él. Puso Su imagen en nosotros y nos hizo relacionarnos con Él en el Edén (Gén. 1:27). ¡Qué gran misericordia! ¡Qué inmensa compasión!

El Dios omnipotente nos creó a Su imagen y semejanza. El Dios omnipresente estaba en Su creación y caminaba junto a Sus criaturas. El Dios excelso e infinito convivía con seres creados del polvo, dándoles propósito y valor. El Dios autosuficiente proporcionaba por pura gracia una relación con Él. ¡Cuánta misericordia demostrada en la creación!

Pocos versículos más adelante de la creación del hombre, encontramos su caída. Este fue el primer acto de rebelión de la humanidad contra Dios. Adán y Eva desobedecieron a Dios, por lo que se rompió la relación de la cual tanto disfrutaban con el Señor y uno con el otro. De ser amigos de Dios, se convirtieron en enemigos; de vivir en perfección, ahora experimentaban los estragos del pecado y de un mundo caído. La muerte reinó y junto con ello, vinieron un sinfín de dolores a toda la creación. Quizás te preguntes: «Pero Karen, ¿cómo es la caída del hombre una evidencia de la compasión de Dios? De su justicia, sin duda, pero ¿de Su compasión?».

Considero la caída del hombre como la segunda evidencia de la compasión de Dios en la Biblia. Para entenderlo de esa manera, es necesario meditar en otros atributos de Dios, tales como Su santidad y justicia. Dios es perfectamente puro y recto, por lo que la más pequeña mancha en nosotros nos descalifica para estar frente a Él. ¡Cuánto más si nuestra impureza proviene de nuestra rebelión contra Él! Una de las mayores evidencias de Su compasión es que la humanidad pecó contra Dios y no fue instantáneamente destruida. Dios decidió mantener una conversación con Sus criaturas rebeldes en vez de responder con ira destructiva de inmediato. Me pregunto cuántos de nosotros habríamos respondido así ante una ofensa grave en nuestra contra, y eso que ninguna traición contra nosotros es comparable con la nuestra hacia Él. Dios, en medio de esa conversación, estableció distintas sentencias a la serpiente, Eva y Adán, pero quiero mostrarte cómo aun en esas sentencias podemos encontrar Su amor entrañable.

Y el Señor Dios dijo a la serpiente:

«Por cuanto has hecho esto, maldita serás más que todos los animales, y más que todas las bestias del campo. Sobre tu vientre andarás, y polvo comerás todos los días de tu vida. Pondré enemistad entre tú y la mujer, y entre tu simiente y su simiente; él te herirá en la cabeza, y tú lo herirás en el talón».

A la mujer dijo: «En gran manera multiplicaré tu dolor en el parto, con dolor darás a luz los hijos. Con todo, tu deseo será para tu marido, y él tendrá dominio sobre ti».

Entonces el Señor dijo a Adán: «Por cuanto has escuchado la voz de tu mujer y has comido del árbol del cual te ordené, diciendo: "No comerás de él", maldita será la tierra por tu causa; con trabajo comerás de ella todos los días de tu vida. Espinos y cardos te producirá, y comerás de las plantas del campo. Con el sudor de tu rostro comerás el pan hasta que vuelvas a la tierra, porque de ella fuiste tomado; pues polvo eres, y al polvo volverás».

El hombre le puso por nombre Eva a su mujer, porque ella era la madre de todos los vivientes. El Señor Dios hizo vestiduras de piel para Adán y su mujer, y los vistió. Entonces el Señor Dios dijo: «Ahora el hombre ha venido a ser como uno de Nosotros, conociendo ellos el bien y el mal. Cuidado ahora, no vaya a extender su mano y tome también del árbol de la vida, y coma y viva para siempre». Y el SEÑOR *Dios lo echó del huerto del Edén, para que labrara la tierra de la cual fue tomado. Expulsó, pues, al hombre; y al oriente del huerto del Edén puso querubines, y una espada encendida que giraba en todas direcciones para guardar el camino del árbol de la vida* (Gén. 3:14-24).

Dios pudo haber destruido inmediatamente a Adán y a Eva y así terminar para siempre con la humanidad infiel y, a la vez, continuar siendo perfectamente bueno y justo. Pero no fue lo que hizo. Optó por la compasión. Dios, en Su bondad, estableció las consecuencias del pecado para nuestros primeros padres, pero no perdamos de vista que aun esas sentencias vienen cargadas de misericordia.

Dios demostró Su mansedumbre y compasión al sentenciar primero a la serpiente. Pudo haber sentenciado primero a Adán o Eva, pero primero se dirigió a nuestro enemigo. Esa condena contra la serpiente no solamente fue un acto de justicia de Dios, sino también uno de compasión hacia nosotros, porque Dios no dejó sin castigo al tentador de la humanidad. Prometió su destrucción y así evidenció Su defensa y celo hacia nosotros. Después, lanzó una promesa esperanzadora: la mujer daría a luz, la serpiente heriría a la simiente de la mujer, pero esa simiente destruiría para siempre a la serpiente (Gén. 3:14). Quizás ya conocías esta parte de la historia, pero ¿habías considerado el hermoso detalle de que Dios entregue esta promesa a la humanidad antes de sentenciarla? Pareciera que le importaba mucho que Adán y Eva supieran que Dios deseaba mostrarles compasión antes que darles un justo juicio. Desde el momento en que la relación se rompió, Él nos hace ver que Su deseo era restaurarla.

Continúa la historia con la sentencia a Adán y Eva. Podríamos alegar que lo que vemos es todo menos la compasión de Dios. Pero consideremos la sentencia de Dios a la mujer: a partir de entonces, las mujeres daríamos a luz con gran dolor y tendríamos conflictos con la autoridad de los hombres (Gén. 3:16). Esta sentencia ha causado grandísimos dolores a la humanidad, pero no perdamos de vista la misericordia de Dios al permitir a la mujer seguir dando a luz. Muchas mujeres han testificado que lo más hermoso de su vida es haberse convertido en madres. La maternidad trae una de las alegrías más grandes y Dios permite que lo experimentemos aun después de habernos rebelado contra Él. Sí, sería ahora a través de mucho dolor, pero, por siglos, las mujeres continuaríamos dando a luz para que la Simiente de la mujer, Jesucristo, naciera en el momento planeado por el Señor. En medio de la sentencia, Dios misericordiosamente nos siguió permitiendo ser portadoras de vida, ordenando el glorioso día en que la Vida (Jesús) nacería para salvarnos.

Después, la sentencia se enfoca en Adán, y se le condena a muchos dolores relacionados con el trabajo y la provisión (Gén. 3:17-19). Mi esposo y el resto de los hombres de mi vida han sido testigos de las luchas diarias por el trabajo. Sin embargo, también soy testigo de las alegrías que vienen del fruto del trabajo producido con el sudor de la frente. Dios, misericordiosamente, les permite continuar trabajando y proveyendo para sus familias. Sí, lo harían con esfuerzo y cansancio, pero Dios permitiría que dieran fruto para el sostén de la humanidad.

Por último, la sentencia introdujo la muerte para el ser humano y, finalmente, Adán y Eva fueron expulsados del Edén (Gén. 3:19-24). ¿Podemos ver la compasión de Dios en esto? Decididamente, creo que sí. También se trata de un acto de misericordia, porque no era que Dios no quisiera que viviéramos para siempre, pues el diseño original para la humanidad era que jamás muriéramos y, más adelante, ese deseo quedaría en total evidencia al dar a Su único Hijo para darnos vida eterna (1 Jn. 5:11). Lo que Dios no quería era que viviéramos para siempre en un estado de pecado y enemistad con Él. Nos expulsó del jardín, pero ya estaba en operación Su plan de redención futura. ¿Puedes contemplar Su corazón ardiendo de compasión por nosotros aun en el clímax de nuestra rebelión?

> *Dios nos echó del Edén,*
> *pero jamás de Su corazón.*

Las cosas se comenzaron a poner bastante feas después de la caída. Las consecuencias de un corazón alejado de Dios empezaron a aparecer: asesinatos, envidias, idolatría, infidelidades, enfermedades, violaciones, pleitos, pobreza, guerras y muertes. Pero ¿sabes qué podemos ver en medio de toda esta oscuridad? La luz brillante de la compasión de Dios. Él mostró compasión, por ejemplo:

- Por Noé y su familia, permitiendo que se salvaran del diluvio y que la promesa de redención continuara en curso.

- Al prometerle a Abraham que sería padre de un pueblo por el cual las familias y la tierra serían benditas.

- Al liberar con maravillas y prodigios al pueblo de Israel de la opresión de los egipcios.

- Al darle la ley a Moisés y al pueblo para que conocieran el corazón de Dios, su propio pecado y su necesidad de un Salvador.

- Al prometer que Su presencia permanecería con ellos en tabernáculos y templos.

- Al incorporar a extranjeros como parte de Su pueblo.

- Al levantar profetas que guiaban al arrepentimiento al pueblo y les anunciaban una y otra vez la venida del Salvador.

- Al asignar jueces para que Israel caminara en rectitud delante de Él.

- Al darles reyes conforme a Su corazón y victorias sobre sus enemigos.

- Al ser paciente con las faltas del pueblo y fiel a Sus promesas.

Finalmente, mostró en totalidad Su compasión al enviar a la simiente de la mujer a consumar lo que había prometido desde Génesis: nuestra restauración a través de Jesucristo. Por medio de innumerables actos de amor, Dios hizo posible nuestra salvación, dejando en evidencia Su compasión imparable hacia nosotros. Considera las palabras del testimonio de Moisés en el desierto cuando le ruega a Dios que le muestre Su gloria. Dios accede, diciendo que le mostrará todo Su bien y que proclamará Su nombre delante de él (Ex. 33:18-19). Es en ese contexto en el cual Dios hace pasar Su gloria delante de Moisés:

Entonces pasó el SEÑOR por delante de él y proclamó: «El SEÑOR, el SEÑOR, Dios compasivo y clemente, lento para la ira y abundante en misericordia y verdad...» (Ex. 34:6).

Esta descripción es sumamente importante y esclarecedora. En su libro *Manso y humilde*, Dane Ortlund comenta este pasaje y dice: «Aparte de la encarnación misma, este pasaje es quizás el clímax de la revelación divina en toda la Biblia».[6] Podemos afirmar que estas palabras se convirtieron en el fundamento para el conocimiento de Dios por parte de los israelitas, por la cantidad de veces que los profetas recurren a estos dos versículos de Éxodo para reiterar quién es Dios. Me conmueve pensar que Dios considera que todo Su bien consiste en Su carácter compasivo, y no en Su inmenso poder o grandeza. Ante la insistencia de Moisés, Dios le muestra Su gloria y, para nuestra sorpresa, encontramos que Su gloria es básicamente Su compasión. Ortlund continúa guiándonos en esta descripción de Dios y nos dice:

Cuando hablamos de la gloria de Jehová, estamos hablando de quién es Dios, cómo es, Su resplandor distintivo, lo que hace que Dios sea Dios. Y cuando Dios mismo establece los términos de cuál es Su gloria, nos sorprende. Nuestros instintos más profundos esperan que sea un trueno, un mazo, un juicio. Esperamos que la inclinación del corazón de Dios sea una retribución a nuestros caprichos. Y luego Éxodo 34 nos pone una mano en el hombro y nos detiene en seco. La inclinación del corazón de Dios es la misericordia. Su gloria es Su bondad. Su gloria es Su humildad. [...] el Antiguo Testamento menciona que Dios es «provocado a la ira» por Su pueblo decenas de veces [...]. Pero ni una sola vez se nos dice que Dios es «provocado al amor» o «provocado a la misericordia». Su ira requiere provocación; Su misericordia

---

6. Dane Ortlund, *Manso y humilde: El corazón de Cristo para los pecadores y heridos* (Nashville, TN: B&H Español, 2021), p. 147.

está lista para brotar. Tendemos a pensar que la ira divina está contenida, a punto de estallar, y que la misericordia divina es lenta. Es todo lo contrario. La misericordia divina está lista para desbordarse con el más mínimo pinchazo.[7]

> *El corazón de Dios es compasivo.*
> *Su gloria es Su compasión.*

Sin embargo, es muy sincero preguntarnos: ¿cómo conciliamos la compasión de Dios demostrada en la Escritura con todo el sufrimiento presente en nuestra vida y a nuestro alrededor? Amados, lo conciliamos al ver cómo Dios se compadece tanto de nosotros y de nuestros dolores que, a pesar de que el sufrimiento es la consecuencia de nuestro pecado, se dio a nosotros en Jesucristo para acompañarnos en nuestro dolor, usarlo para nuestro bien y proclamar que un día nos libraría del sufrimiento para siempre. Él no es indiferente a nuestro dolor. No hay ninguna circunstancia más allá de Su consuelo. El sufrimiento existe gracias a nosotros, pero hay consuelo gracias a la compasión de Dios.

En el testimonio de la Palabra, encontramos en cada libro una exhibición majestuosa de la compasión de Dios. Pero, por supuesto, en ningún lugar brilla más Su compasión que en la cruz del Calvario. Dios se corona en la cruz con el título de Padre de misericordias y Dios de toda consolación. Al conocer personalmente al gran Consolador —especialmente, a través de la obra de Cristo—, podremos recibir de Su bendito consuelo y con ello consolar a los que lloran. Dedica tu vida a contemplar a tu Consolador compasivo.

[7] *Ibid.*, pp. 149-151.

PREGUNTAS DE REFLEXIÓN

1. ¿Qué idea tenías sobre el carácter de Dios antes de leer este capítulo? ¿Cambió de alguna forma luego de tu lectura?

_____

_____

_____

2. ¿De dónde obtienes tu conocimiento de Dios? ¿Crees que tengas que cambiar de fuentes?

_____

_____

_____

3. ¿De qué otras formas podemos ver la compasión de Dios en las Escrituras?

_____

_____

_____

4. Antes de leer este capítulo, ¿cuál creías que era la inclinación del corazón de Dios? ¿La ira o la compasión? ¿Cómo te ayudó este capítulo a conocer más Su corazón?

_____

_____

_____

5. ¿De qué manera conocer el corazón y los atributos de Dios cambia tu forma de ver tu sufrimiento y el de los demás?

_____

_____

_____

6. ¿Cómo es que conocer el corazón de Dios cambia tu forma de ver y tratar a los sufrientes a tu alrededor?

_____

_____

_____

7. ¿Por qué crees que Dios tiene los títulos de «Padre de misericordias y Dios de toda consolación»?

_____

_____

_____

8. ¿Hay alguien a tu alrededor a quien podrías mostrar el corazón compasivo de Dios a través de tus consuelos? ¿Qué cosas prácticas podrías hacer esta semana por esa persona?

_____

_____

_____

CRISTO, EL CONSUELO DE DIOS

Porque la gracia de Dios se ha manifestado,
trayendo salvación a todos los hombres.
(Tito 2:11)

Armando llora porque Carlos, su mejor amigo desde la infancia, se encuentra en fase terminal de cáncer. No hay mucho que pueda hacer por Carlos más que estar junto a él durante el tiempo que le quede de vida. Le duele el corazón mientras sostiene su mano, y en su mente resuena fuertemente una pregunta: *¿Qué hacer cuando no se puede hacer nada?*

Es muy posible que estés de acuerdo conmigo en que, cuando vemos sufrir a alguien que amamos, deseamos aliviarlo más que cualquier cosa en el mundo. Muchos estaríamos dispuestos a dar todo lo que poseemos por el bienestar de esa persona. Incluso, el amor que tenemos por ella puede ser tan fuerte que, de ser posible, sin pensarlo dos veces, estaríamos dispuestos a sufrir en su lugar. Quizás, mientras lees este libro, tienes en mente a alguien a quien amas que está sufriendo. Es probable que su dolor te haya llevado a leer para encontrar respuestas sobre cómo enfrentar lo que están viviendo. Si es así, quiero recordarte una verdad que consolará tu corazón: nadie está más interesado en esa persona que Dios mismo. Amado, nadie se compadece más de los que lloran que Dios.

> *Nadie está más interesado en esa persona que Dios mismo. Amado, nadie se compadece más de los que lloran que Dios.*

Entiendo la frustración y la impotencia que podemos llegar a sentir ante el sufrimiento de los demás. Si somos sinceros, la mayoría de las veces, no hay mucho que hacer más que estar presentes y llorar con ellos. Esto puede ser agobiante, porque nuestro anhelo es aliviarlos. Queremos solucionar sus problemas, compensar sus pérdidas y erradicar sus enfermedades, pero muchas veces, lo único que podemos hacer es acompañarlos y llorar con ellos.

Podríamos sentirnos fracasados al no poder hacer más por la persona, pero he entendido que llorar juntos es precisamente lo que más necesita ella, y también nosotros. Este acto podría tenerse en poco, pero considero que es uno de los más fructíferos, tanto para el doliente como para el confortador. Llorar con los que lloran es fructífero porque es una invitación a tener una actitud humilde y de fe delante de Dios. La humildad es una actitud importante, porque se trata de un reconocimiento de que, tanto el sufriente como el consolador, estamos en la misma posición de necesidad de la gracia de Dios. La fe es imprescindible porque podemos derramar lágrimas en la esperanza de que Dios está atento y activo en medio de nuestros dolores. El mandato de llorar con los que lloran posiciona nuestro corazón en el lugar correcto, ya que quita nuestra mirada de nosotros y la apunta a Dios.

Aunque quisiéramos poder hacerlo, Pablo no dice: «Quiten el dolor de los que lloran» ni «solucionen los problemas de los que lloran». Por el contrario, dice: «Lloren con los que lloran» (Rom. 12:15). Estoy convencida de que esa frase tan corta de Pablo es más profunda en su significado e intención de lo que creemos. Las lágrimas que derramemos con los que lloran no son de desesperanza ni desaliento, sino de compasión hacia ellos y de fe en Dios, quien es el más interesado en el que sufre y, por ende, es su perfecto Consolador.

LA CONSOLACIÓN DE SIMEÓN TAMBIÉN ES LA NUESTRA

El Evangelio de Lucas nos presenta un caso que ilustra este punto. Simeón, un judío justo y piadoso, esperaba la consolación de Israel (Luc. 2:25). Era un hombre recto, por lo que es seguro que se lamentaba del sufrimiento del pueblo de Dios. Simeón amaba a Israel y quería aliviarlo de todos sus dolores. Anhelaba consuelo para el pueblo y para sí mismo, pero sabía que ese consuelo no podía venir de nadie más que de Dios. Un día, le fue revelado por medio del Espíritu Santo que no moriría sin antes ver a Jesús, el Mesías prometido por Dios (Luc. 2:26). Simeón fue movido por el Espíritu Santo a ir al templo y, tal como Dios le había prometido, sus ojos pudieron contemplar al Mesías. Tomó al niño en sus brazos, bendijo a Dios y dijo:

«Ahora, Señor, permite que Tu siervo se vaya
En paz, conforme a Tu palabra;
Porque mis ojos han visto Tu salvación
La cual has preparado en presencia de todos los pueblos;
LUZ DE REVELACIÓN A LOS GENTILES
Y gloria de Tu pueblo Israel» (Luc. 2:29-32).

Simeón comprendió que el consuelo que tanto esperaban sus antepasados, sus padres y él mismo era ese niño que sostenía en sus brazos. Se trata de una historia sencilla y muy conocida, pero no quisiera que perdiéramos de vista lo asombroso de este suceso. ¡Simeón esperaba la consolación de Israel y Dios lo dirigió a ver a un niño pequeño! No se trataba de un guerrero poderoso que vencería al Imperio romano o de un político elocuente y fuerte que defendería a la nación, sino que el Espíritu lo guio y le hizo entender que Jesús era el consuelo de Dios, no solo para Israel, sino también para todos los pueblos. Me asombra notar cómo alguien que probablemente había pasado toda su vida esperando la consolación de Israel fue consolado con tan solo ver a Jesús, al punto de que elevó a Dios una oración pidiendo que le permitiera irse con Él. Simeón sabía que no debía esperar más, pues el consuelo estaba delante de sus ojos. Si Jesús había llegado, él podía partir en paz.

La gran expectativa de Simeón es posible que sea, de alguna manera, también la tuya. Quizás oras por la consolación de Dios para alguien cercano a ti. Si es así, puedes descansar junto con él en que Dios ya respondió a nuestro clamor al darnos a Cristo.

LA RESPUESTA DE DIOS AL DOLOR Y AL SUFRIMIENTO

Frente a la intensidad del dolor, podríamos preguntarnos: ¿por qué Dios no hace algo ante todo el sufrimiento del mundo? Sin embargo, pensar que Dios ha permanecido inmóvil e insensible ante el dolor humano es completamente erróneo. Dios sí hizo algo y fue la obra más sorprendente. A Dios le importó y se compadeció tanto de nuestro sufrimiento que planeó y reveló desde el mismo momento de la caída de la humanidad que se encarnaría para cargar Él mismo con los pecados, los dolores y los sufrimientos de los suyos. No estuvo de acuerdo solamente con estar atento a nuestro dolor desde Su santo trono, sino que «se despojó a Sí mismo tomando forma de siervo, haciéndose semejante a los hombres. Y hallándose en forma de hombre, se humilló Él mismo, haciéndose obediente hasta la muerte, y muerte de cruz» (Fil. 2:7-8).

Mi esposo David siempre dice que no hay nada que le asombre más que la encarnación de Cristo, y no puedo estar más de acuerdo con él. En un momento de la historia, sucedió algo sin precedentes: Dios se hizo hombre. Si ya es fascinante la compasión de Dios al habernos creado, ¡cuánto más fascinante es la compasión de Dios al haberse encarnado! El Dios poderoso, Creador del cielo y la tierra, tomó forma humana. Jesucristo, cuya vestimenta es santidad, gloria y majestad, se vistió de carne y hueso. Aquel que sostiene la creación con Su Palabra vino a nacer como un bebé balbuceante. El mismo Señor que recibe día y noche adoración en el cielo vino a este mundo a experimentar el dolor, el sufrimiento y la muerte.

Todo por elección propia.
Todo por amor.
¡Cuán grande es la compasión de Dios!
Su compasión nunca ha sido estéril.

Nosotros somos consoladores limitados que no entendemos a cabalidad ni podemos enfrentar ni solucionar muchos de los sufrimientos, pero Jesús se humanó y los sufrió en carne propia. Dios se hizo de un cuerpo en el que experimentó la profundidad de nuestros dolores. Fue Su compasión hacia nosotros lo que hizo que Jesús experimentara en carne y hueso la necesidad del cuidado de otras personas, de agua, alimento, descanso y sol. Él mismo experimentó el cansancio, la sed, la soledad, la tristeza, el rechazo y la injusticia. Fue tentado en todo como nosotros, pero sin pecado (Heb. 4:15). Sobre todo, se mantuvo en la cruz y cargó con nuestros pecados y dolores, y aceptó la ira de Dios en nuestro lugar para que por Él recibiéramos la redención y el perdón de nuestros pecados. Queridos consoladores, Jesús es el consuelo supremo de Dios para todo corazón doliente.

Durante siglos, una densa niebla cubrió la visión de la humanidad. El corazón abundante en gracia de Dios se asomaba por las historias del Antiguo Testamento, pero las tinieblas que el pecado y el sufrimiento producían eran tan oscuras que podíamos apreciarlo con dificultad. Hasta que, en un momento, fue revelado el misterio que estuvo paciente y amorosamente escondido en los soberanos propósitos de Dios (Col. 1:26; 2 Tim. 1:9-10). Así como las tinieblas comienzan a disiparse con la llegada del alba, de igual manera las tinieblas espirituales comenzaron a desvanecerse ante la manifestación del resplandor de la gracia de Dios. El sol de Su gracia se manifestó en Jesucristo, despejando el panorama y permitiendo que la humanidad contemplara sin estorbos el corazón de Dios. Ya no andamos a tientas. La gracia de Dios se hizo carne y hueso y manifestó el amor (Juan 3:16), la gracia (Tito 2:11) y la gloria (Heb. 1:3) de Dios a la perfección.

Porque la gracia de Dios se ha manifestado, trayendo salvación a todos los hombres (Tito 2:11).

Cuando Simeón tomó a Jesús en sus brazos, respondió adorando, puesto que sus ojos habían visto la salvación. Cuando Pablo le dijo a Tito que la gracia de Dios se había manifestado, afirmó también que lo había hecho para salvación. Ambos nos dicen que la gracia de Dios se hizo evidente al darnos a Cristo para *salvarnos*. Esto indica que el consuelo divino que necesitábamos era más profundo de lo que esperábamos. En los Evangelios, podemos ver que, cuando Cristo vino, no tenía como principal misión curar la paraplejia, resolver conflictos familiares o sustentar al pobre. Al principio de Su ministerio, cuando Sus discípulos fueron a Él diciendo que todos lo buscaban (enfermos y otros necesitados), Él contestó diciendo que debían ir a otros pueblos para predicar en esos lugares, porque para eso había venido (Mar. 1:38). Su misión era resolver nuestra mayor necesidad —nuestra necesidad de salvación— pero aun así, mostró gracia al atender los problemas derivados de nuestra condenación, entregando pequeños vistazos de la compasión que Él manifiesta hacia Sus criaturas y Su pueblo, y las bendiciones eternas que los salvos tendrán cuando haya cielos y tierra nuevos.

Nuestro verdadero consuelo consiste en nuestra salvación. No son suficientes las palabras de consuelo. Puede sonar paradójico, pero las respuestas temporales —como dar pan al hambriento o sanar al enfermo— no eran consuelos suficientes para el plan de compasión y misericordia de Dios. Ni siquiera resucitar al muerto era consuelo suficiente desde la perspectiva de la salvación gloriosa que el Señor tenía en mente. ¡Necesitábamos salvación! Dejar de tener hambre no borraría nuestros pecados, ni ser resucitados evitaría que algún día pagáramos nuestra culpa con la muerte eterna (Juan 3:36; 2 Tes. 1:9). Necesitábamos el perdón divino y un nuevo corazón que solo Dios podía darnos. Necesitábamos un Salvador, y Dios, misericordiosamente, nos lo dio en Jesucristo.

Para apreciar a Cristo como nuestro consuelo supremo, es necesario tener muy claro cuál es el mayor problema de la humanidad. Muchos afirman que nuestro mayor problema es el cambio climático, las guerras o la falta de educación. Otros dicen que es la crisis de salud pública, la corrupción o la pobreza. Algunos aseguran que es un problema político o económico. Aunque es una realidad que todos estos problemas son importantes y dolorosos, ninguno es el mayor problema de la humanidad. De acuerdo con la Biblia, nuestro mayor problema es el pecado (Rom. 3:23; 5:12). De hecho, todos los sufrimientos y los males del hombre son fruto de haber desobedecido a Dios. El sufrimiento existe desde que Adán y Eva pecaron. Ese acto de desobediencia flagrante a la voluntad de Dios fue lo que dio entrada a la enfermedad y a la muerte. El pecado no solo afectó a nuestra relación con Dios, sino que es la raíz de todos nuestros problemas relacionales y también de nuestra relación con el mundo creado por Dios.

Es la presencia del pecado lo que nos hace conflictivos y egoístas. Además, el problema no es solamente que pecamos, sino que todos estamos bajo el poder del pecado (Rom. 3:9). Nuestra naturaleza está corrompida, somos esclavos del pecado por naturaleza (Juan 8:34; Rom. 6:16). Como solía decir R. C. Sproul: «No somos pecadores porque pecamos, pecamos porque somos pecadores».[1] Nuestro verdadero problema es nuestra naturaleza de pecado.

Porque la paga del pecado es muerte... (Rom. 6:23a).

De acuerdo con este versículo, todo el que ha cometido pecado debe pagar con muerte. La Biblia es clara al afirmar que no hay nadie que esté libre de pecado, ni siquiera uno (Rom. 3:10-11). Esto quiere decir que todos nosotros estábamos condenados a una eternidad, al ser objetos de la justa ira de Dios. Sin embargo, Dios, lleno de compasión incalculable, demostró conclusivamente ser lento para la ira y grande en misericordia al consolarnos por medio de Cristo y ofrecernos vida eterna (Sal. 103:8).

... pero la dádiva de Dios es vida eterna en Cristo Jesús Señor nuestro (Rom. 6:23).

Porque de tal manera amó Dios al mundo, que dio a Su Hijo unigénito, para que todo aquel que cree en Él, no se pierda, sino que tenga vida eterna (Juan 3:16).

---

[1] R. C. Sproul, *Are People Basically Good?* (Orlando: FL, Ligonier Ministries, 2016), p. 46.

Dios está lleno de gracia y amor, al punto de darnos a Jesús. Quizás, en esta vida no sane a Carlos, resucite a los papás de Anke ni nos dé hijos a David y a mí, pero nos ofrece algo muchísimo mejor. Cristo es el consuelo divino para todo sufriente, porque en Su vida, muerte y resurrección, venció a la fuente de nuestros dolores y construyó un refugio inalterable para el que sufre.

Nuestros grandes enemigos —el pecado, la muerte y Satanás— perdieron su poder cuando Jesucristo cumplió Su obra, y un día, serán totalmente destruidos (Apoc. 20:10; 21:4). Él vivió entre nosotros la vida perfecta que no podemos vivir, para adjudicár- nosla. Cargó nuestra culpa por nuestros pecados con Su muerte, para darnos Su inocencia y llevar los dolores de nuestras enfer- medades. Resucitó y venció a la muerte que tanto nos amenazó para darnos vida eterna. Una vez y para siempre, quitó lo que nos separaba de Dios y atormentaba nuestra alma con la muerte, restaurando nuestra relación con el Padre. Es sumamente impor- tante este último punto porque fuimos hechos para gozar de una relación íntima y amorosa con Dios. Debido a nuestra desobedien- cia, fuimos separados de Dios, lo cual trajo consigo un sinfín de dolores. Así como el pez sufre fuera del agua, también el hombre que vive separado de Dios muere por la falta de vida que solo Dios posee. Sin embargo, Cristo vino a ser nuestro consuelo al ofrecer- nos acercarnos al Padre de la vida por medio de un compasivo intercambio. A los pocos momentos de ser llevado a la cruz, Jesús elevó una oración:

Y adelantándose un poco, cayó sobre Su rostro, orando y diciendo: «Padre Mío, si es posible, que pase de Mí esta copa; pero no sea como Yo quiero, sino como Tú quieras» (Mat. 26:39).

La copa representa la ira de Dios que tú y yo merecíamos recibir, pero que sería derramada sobre Él. Conocemos bien la respuesta del Padre a esta oración. Su voluntad fue negar la petición de Jesús, por lo cual fue rechazado para que nosotros fuéramos aceptados por Su sola misericordia. El inocente murió para dar vida a los culpables. Fue abandonado para que tú y yo pudiéramos ser abrazados. Fue la gracia de Dios para salvación la que se manifestó en el sufrimiento de Cristo. ¡Él sufrió para consolarnos!

Ciertamente Él llevó nuestras enfermedades,
Y cargó con nuestros dolores.
Con todo, nosotros lo tuvimos por azotado,
Por herido de Dios y afligido.
Pero Él fue herido por nuestras transgresiones,
Molido por nuestras iniquidades.
El castigo, por nuestra paz, cayó sobre Él,
Y por Sus heridas hemos sido sanados.
Todos nosotros nos descarriamos como ovejas,
Nos apartamos cada cual por su camino;
Pero el SEÑOR hizo que cayera sobre Él
La iniquidad de todos nosotros (Isa. 53:4-6).

La cruz fue el acontecimiento más atroz que la humanidad ha presenciado jamás. Sin embargo, es también el consuelo supremo por excelencia para todo doliente. La cruz nos consuela al mostrarnos que ya no hay pecado que nos separe de Dios. Nos consuela ofreciéndonos perdón, libertad e inocencia, asegurándonos una gloria futura de sanidad, gozo, libertad y deleites en la presencia de Dios. El madero donde fue ajusticiado nuestro Señor nos recuerda que los brazos heridos de Cristo por nuestra redención son seguros y están abiertos para consolarnos y fortalecernos todos los días de nuestras vidas hasta que estemos cara a cara en Su presencia.

Es mi más profundo deseo que llegues a comprender que esa persona sufriente a la que amas profundamente no necesita principalmente que su situación cambie (aunque, claro, oraremos por ello con todo el corazón). Lo que los sufrientes alrededor de ti necesitan con máxima urgencia es el consuelo de Dios en Jesucristo. Necesitan recibir y recordar la salvación.

Aun el creyente que sufre necesita ser consolado constantemente por medio del evangelio de Jesucristo. Podríamos creer que la buena noticia de salvación es para incrédulos y nuevos creyentes, pero debemos entender que el evangelio es también una necesidad continua del creyente. No creas que podremos avanzar dejando atrás el evangelio. Por el contrario, solo podremos avanzar realmente cuando profundizamos en nuestro entendimiento de la obra de amor realizada para nuestra salvación por nuestro Señor Jesucristo. El evangelio es el bálsamo que alivia nuestras heridas, ayudándonos a sufrir en el gozo, la fe y la esperanza que Cristo y Su vida eterna producen.

Debemos reconocer que no todo nuestro sufrimiento es causado por dificultades que llegan a nuestra vida, sino también por deseos que no alcanzamos. Mucho del sufrimiento viene como resultado de no poder hacer nuestra voluntad. La infertilidad es un buen ejemplo de un deseo imposible de realizar. Deseamos hijos y sufrimos por no poder tenerlos, pero puedo testificar junto a David que, aun en nuestra infertilidad, nuestro mayor consuelo ha sido Jesús. Los consoladores más eficaces a nuestro alrededor han sido aquellos que reconocen que, aunque el consuelo mutuo es un regalo de Dios, solo hay un lugar donde el alma afligida encuentra reposo y consuelo perfectos: en Cristo.

Doy gracias a Dios por los consoladores que tiernamente nos recuerdan que, a pesar de que Dios no nos ha dado hijos, sí nos dio a Su Hijo amado, el tesoro del cielo, para darnos salvación. Gloria a Dios por aquellos hermanos que nos recuerdan que aun los corazones con santos deseos insatisfechos encuentran plenitud y esperanza en la persona de Jesús. He entendido que incluso nuestros deseos más fuertes son tan solo un pequeño reflejo de que fuimos creados para más. Día a día, vivimos una lucha contra la insatisfacción, porque fuimos creados para estar en una relación perfecta y eterna con el Deseado de las naciones, Jesús (Hag. 2:7-9). Nuestros deseos son un recordatorio de que fuimos hechos para gozar de una amistad con Dios. Nada satisfará nuestro corazón más que una relación con Jesús. Si el sufriente al que buscas consolar sufre por circunstancias no deseadas en su vida o por deseos inalcanzados de su alma, el mayor consuelo para él siempre será Jesucristo y Su salvación.

> *Si el sufriente al que buscas consolar sufre por circunstancias no deseadas en su vida o por deseos inalcanzados de su alma, el mayor consuelo para él siempre será Jesucristo y Su salvación.*

Cuando se derramen lágrimas cerca de ti, llora con esa persona y ayuda al que sufre a ver la gracia de Dios manifestada en Jesús para salvación. Apunta la mirada de los enfermos hacia la cruz, en donde Jesús cargó con su enfermedad, prometiendo también a todos los que depositen su fe en Él que hay una ciudad celestial que les aguarda, donde serán sanados por completo (Isa. 33:24). Recuérdales a los que han sufrido pérdidas que Dios entregó a Su Hijo para darles bendiciones abundantes (Juan 10:10; Ef. 1:3). Armando puede llorar junto con Carlos, en la esperanza de que Cristo murió y resucitó, para que cuando Dios llame a Carlos a Su presencia, tenga la seguridad de que resucitará en gloria y se gozará perfectamente en la victoria de Jesús en la cruz. Además, cuando Dios llame a Armando, se reencontrarán y gozarán juntos por siempre (Rom. 8:11).

¿QUÉ HACER CUANDO NO SE PUEDE HACER NADA?

¡Descansar! Descansa en la gracia de Dios manifestada para salvación y en que Dios es el más interesado en el sufriente que amas. Reconoce que nosotros podemos hacer muy poco para aliviar el dolor, pero podemos llorar con los que lloran y descansar en que Dios ya lo hizo todo al dar a Cristo. Pues, así como Simeón lo reconoció, cuando Jesús está presente, nosotros podemos descansar y aun partir en paz. Nunca olvides que Jesús es el refugio para el errante que busca consuelo, y nadie podrá arrebatar de Sus fuertes manos una vida que le pertenece.

¡Gloria a Dios por Jesucristo!

No hay mayor consuelo que ser suyos y que Él sea nuestro. Qué gran regalo poder consolar a otros por medio de Él. Sin embargo, la cruda realidad es que no podremos dar a Cristo a los sufrientes si primero nosotros no lo tenemos como Salvador y Señor de nuestras propias vidas. Si no has conocido el consuelo de Dios en la persona de Jesús, es el momento perfecto para conocerlo en carne propia. No hay pecado tan grande que la gracia de Dios no pueda perdonar; no hay lugar tan bajo que la cruz de Cristo no pueda alcanzar. Los brazos de amor que se compadecieron de mí son los brazos que también se compadecen de ti. Arrepiéntete de tus pecados, mira a la cruz, rinde tu vida al Señor y contempla los brazos extendidos de Jesús para recibirte y consolarte por medio de Su salvación eterna.

«Consuelen, consuelen a Mi pueblo», dice su Dios.
«Hablen al corazón de Jerusalén
Y díganle a voces que su lucha ha terminado,
Que su iniquidad ha sido quitada,
Que ha recibido de la mano del SEÑOR
El doble por todos sus pecados» (Isa. 40:1-2).

PREGUNTAS DE REFLEXIÓN

1. ¿Cómo es que los actos de compasión de Dios en el
Antiguo Testamento eran tan solo una sombra del gran
consuelo que nos daría a través de Jesús? ¿De qué manera
1 Pedro 1:20 nos da luz para responder?

_____

_____

_____

2. ¿Por qué crees que Simeón esperaba la consolación de
Israel? ¿Qué hizo que pudiera partir en paz?

_____

_____

_____

3. ¿Cómo nos ayuda la respuesta de Simeón ante Cristo a
responder a las lágrimas de los que lloran?

_____

_____

_____

4. ¿Cómo es que llorar con los que lloran posiciona nuestro
corazón en el lugar correcto?

_____

_____

_____

5. Antes de leer este capítulo, ¿cuál creías que era el mayor problema de la humanidad? ¿Cómo crees que entender el verdadero problema te ayuda a ser un mejor consolador?

_____

_____

_____

6. ¿Por qué crees que podemos afirmar que Jesús es el consuelo de Dios por excelencia?

_____

_____

_____

7. ¿Por qué es relevante la encarnación de Cristo en nuestros sufrimientos?

_____

_____

_____

8. ¿Cómo es que conocer la obra de Cristo cambia tu forma de pensar acerca del carácter de Dios?

_____

_____

_____

9. ¿Hay alguien a tu alrededor a quien podrías mostrar el carácter compasivo de Dios esta semana a través de tus lágrimas?

_____

_____

_____

LOS CONSUELOS DE CRISTO

Porque así como los sufrimientos de Cristo son
nuestros en abundancia, así también abunda
nuestro consuelo por medio de Cristo.
(2 Cor. 1:5)

N adie disfruta de sufrir. Muchos hemos llegado a Cristo producto de distintas situaciones de sufrimiento, y algunos guardan la secreta esperanza de que la vida cristiana los librará para siempre del dolor. Pero nos sorprende encontrarnos con pasajes bíblicos como el del encabezado, donde se nos dice que la vida cristiana es una vida de sufrimiento.

Hay dos tipos de sufrimiento que el creyente experimentará en su vida. Uno es por el simple hecho de ser humanos; es decir, estar sujetos al dolor inevitable que es parte de vivir en un mundo caído. Por ejemplo, pérdidas por desastres naturales, enfermedades, muertes, problemas económicos o conflictos relacionales. El otro tipo de sufrimiento viene por el simple hecho de ser cristiano y querer servir fielmente a Dios. Por ejemplo, experimentar persecución religiosa, discriminación social y cultural, censura y restricciones en los medios o desafíos éticos y morales.

El creyente sufrirá porque «los sufrimientos de Cristo son nuestros en abundancia». Aunque es probable que este texto se refiera al segundo tipo de sufrimiento, es verdad que Cristo sufrió también por el simple hecho de ser humano. Sufrió mucho y nos ha hecho partícipes con Él de Sus sufrimientos. En ese sentido, la presencia del sufrimiento no debería asustarnos ni sorprendernos, pues la Palabra de Dios es clara en decirnos que *son nuestros...* y *en abundancia*.

Podríamos preguntarnos: ¿qué ventaja tenemos los cristianos si fuera de Cristo hay sufrimiento y en Él también? ¿Qué ventaja tenemos si, teniendo en cuenta los dos tipos de sufrimiento, incluso podemos decir que los creyentes sufriremos más que los incrédulos, ya que ellos no sufren por Cristo?

Amado creyente, la respuesta se encuentra en las mismas palabras de Pablo: «Así también abunda nuestro consuelo por medio de Cristo». Nosotros podremos sufrir mucho, pero sufrimos diferente al mundo, porque el consuelo de Cristo también es abundante. Este consuelo no es un regalo que experimentaremos en gloria como algunos creen. No debemos olvidar que no será necesario el consuelo en la eternidad, ya que no habrá más sufrimiento.

El consuelo de Cristo es para nosotros hoy. Debido a que Dios resolvió el problema más grande de nuestra alma, tenemos una relación distinta con el sufrimiento. Conocer los consuelos de Cristo nos permitirá consolar compasivamente a los que lloran. Veamos entonces algunos de los consuelos de Cristo en medio del sufrimiento, pues hay grandes glorias que gozaremos cuando sufrimos en Él. Jesús no solamente es el consuelo de Dios por excelencia, sino que también es nuestro Consolador en medio del sufrimiento:

Gracias a nuestra unidad con Cristo, el sufrimiento no es un castigo de Dios.

Ya hemos visto que es común caer en el error de los consoladores de Job y acusar a los sufrientes de que su sufrimiento es un castigo o abandono de Dios por su pecado. Pero piénsalo: si Cristo murió por nosotros cuando todavía éramos pecadores, ¿cómo nos va a destruir o abandonar ahora siendo Sus hijos amados?

Pero Dios demuestra su amor para con nosotros, en que siendo aún pecadores, Cristo murió por nosotros. Entonces mucho más, habiendo sido ahora justificados por Su sangre, seremos salvos de la ira de Dios por medio de Él. Porque si cuando éramos enemigos fuimos reconciliados con Dios por la muerte de Su Hijo, mucho más, habiendo sido reconciliados, seremos salvos por Su vida (Rom. 5:8-10).

Si Cristo derramó Su sangre por nosotros cuando todavía vivíamos una vida sin temor de Dios y desenfrenados en nuestro pecado, ¿cuánto más hallaremos gracia ahora que Él nos ha limpiado, justificado y reconciliado consigo mismo? ¿Cuánto más compasivo será con nosotros ahora que nos ha dado a Su Espíritu Santo que nos redarguye en nuestro pecado y un nuevo corazón deseoso por darle gloria? ¿Cuánto más nos librará de la condenación ahora que somos miembros de Su cuerpo (1 Cor. 12:27)?

El cristiano sufrirá porque Dios lo permitirá, pero si lo entendemos bíblicamente, nos daremos cuenta de que Dios puede usar ese sufrimiento como bendición para Sus hijos. Más adelante, veremos más sobre las bendiciones de Dios a través del sufrimiento. Por ahora, descansa en saber que el sufrimiento que Dios permite en la vida de un creyente no es para destrucción, sino para edificación. No hay condenación ni temor en el amor de Cristo.

Por tanto, ahora no hay condenación para los que están en Cristo Jesús, los que no andan conforme a la carne sino conforme al Espíritu (Rom. 8:1).

Gracias a nuestra unidad con Cristo, el Padre ordena y usa el sufrimiento con propósito para nuestra santificación; es decir, para conformarnos a imagen de Su Hijo Jesús.

Aunque es verdad que el sufrimiento no es un castigo de Dios para el creyente, sí puede ser una disciplina amorosa de nuestro Padre para nuestra santificación (Prov. 3:12; Heb. 12:6-7).

Desde hace unos años, tengo un blog para mujeres llamado *Genuino*. Hace tiempo, publicamos una frase que habla de que uno de los propósitos de Dios es que pasemos por el sufrimiento. Inmediatamente después de la publicación, mis mensajes directos se llenaron de reclamos y acusaciones porque muchas no creían que esa frase era bíblica, pues Dios es amor. Entiendo por qué esta frase puede sacudir a muchos, pero no desdice el amor de Dios, y realmente, la Palabra nos muestra que es verdad. Veamos lo que nos dice:

El Espíritu mismo da testimonio a nuestro espíritu de que somos hijos de Dios. Y si somos hijos, somos también herederos; herederos de Dios y coherederos con Cristo, si en verdad padecemos con Él a fin de que también seamos glorificados con Él. Pues considero que los sufrimientos de este tiempo no son dignos de ser comparados con la gloria que nos ha de ser revelada (Rom. 8:16-18, énfasis personal).

Pongamos atención a dos aspectos sumamente importantes. Primero, el apóstol Pablo está siendo bastante claro en decir que, si somos hijos de Dios, vamos a padecer junto con Cristo. Incluso continúa diciendo que padecer con Cristo es una evidencia de que seremos glorificados con Él. En segundo lugar, es evidente que aun los peores sufrimientos en esta vida no son comparables con lo que viene para los creyentes que sufren. Gracias a nuestra unidad con Cristo, el dolor que padeceremos aquí no es comparable con *la gloria* que experimentaremos. Más adelante, Pablo continúa hablando sobre esa gloria:

Y sabemos que a los que aman a Dios, todas las cosas cooperan para bien, esto es, para los que son llamados conforme a Su propósito. Porque a los que de antemano conoció, también los predestinó a ser hechos conforme a la imagen de Su Hijo, para que Él sea el primogénito entre muchos hermanos (Rom. 8:28-29).

Es común consolar a otros creyentes diciéndoles que no se preocupen, que todo sufrimiento es para nuestro bien, pero a veces no entendemos cuál es ese «bien» al que el apóstol se refiere. Pablo no se estaba refiriendo a gozar de una vida más lujosa o influyente ni a la posibilidad de ver todos nuestros sueños cumplidos. Estaba apuntando al bien supremo y último del creyente; es decir, ser como Jesús.

Dios nos ama tanto que no puede dejarnos como estamos. Dios nos ama demasiado como para evitarnos avanzar hacia la imagen de Su Hijo Jesús. Dios nos ama tanto que permite aflicción temporal por el bien último y eterno de llegar a ser más como Cristo. ¡Este es un gran consuelo en la adversidad! Todos pasaremos por pruebas, sin distinción. El consuelo para nosotros, los creyentes, radica en lo que la prueba producirá en nuestras vidas. ¿Qué producirá en alguien que no ama al Señor? Amargura, ira, envidia, quebrantamiento, depresión, devastación, miedo... pero en los corazones en los que el amor de Dios ha sido derramado, producirá fruto eterno:

Y no solo esto, sino que también nos gloriamos en las tribulaciones, sabiendo que la tribulación produce paciencia; y la paciencia, carácter probado; y el carácter probado, esperanza. Y la esperanza no desilusiona, porque el amor de Dios ha sido derramado en nuestros corazones por medio del Espíritu Santo que nos fue dado (Rom. 5:3-5).

Gracias a nuestra unidad con Cristo, nuestro sufrimiento es temporal.

Según la ONU, el promedio de vida del humano es de setenta y dos años.[1] Aun si sufrimos setenta años (o los días que Dios tenga para nosotros), en Cristo tenemos el consuelo de que será temporal.

Como vimos en el capítulo anterior, Dios nos consuela en el presente dándonos vida eterna por medio de Cristo. Eso no significa que Él sea indiferente a nuestro dolor actual. Para Él, es real e importante, y por eso la salvación también nos produce alivio en el presente. Es un gran consuelo comprender que nuestro dolor presente, aunque real, es solo temporal. Él no minimiza nuestro dolor

---

[1.] Departamento de Asuntos Económicos y Sociales de las Naciones Unidas, División de Población (2022). *World Population Prospects 2022: Summary of Results.* UN DESA/POP/2022/TR/NO. 3, p. 16.

actual, pero nos fortalece para atravesarlo por medio de la esperanza de la gloria venidera.

¿Qué son setenta, ochenta o aun cien años en comparación con la eternidad? Si entendemos que esta vida es pasajera y que, gracias a la obra de Cristo, hay glorias eternas sin igual esperándonos, podremos sufrir con esperanza. Estoy convencida de que, si tuviéramos tan solo un vistazo de lo que nos aguarda en Cristo, consideraríamos como nada incluso nuestros peores sufrimientos en esta tierra.

Jesús sabía que querían preguntarle, y les dijo: «¿Están discutiendo entre ustedes sobre esto, porque dije: "Un poco más, y no me verán, y de nuevo un poco, y me verán"? En verdad les digo, que llorarán y se lamentarán, pero el mundo se alegrará; ustedes estarán tristes, pero su tristeza se convertirá en alegría. Cuando la mujer está para dar a luz, tiene aflicción, porque ha llegado su hora; pero cuando da a luz al niño, ya no se acuerda de la angustia, por la alegría de que un niño haya nacido en el mundo. Por tanto, ahora ustedes tienen también aflicción; pero Yo los veré otra vez, y su corazón se alegrará, y nadie les quitará su gozo» (Juan 16:19-22).

Los discípulos estaban tristes y confundidos. Jesús les había anunciado que se iría al Padre y les dice que esa separación los haría lamentarse, así como la mujer que está dando a luz. No les oculta la verdad del sufrimiento que viene, pero me conmueve hasta las lágrimas el consuelo que Jesús les brinda. Los alienta diciéndoles que, así como la mujer no recuerda los dolores del parto luego de ver al niño, un día ellos también no recordarán su angustia porque verán a Cristo nuevamente. Gracias a nuestra unidad en Cristo, el sufrimiento que experimentamos es temporal. Somos peregrinos rumbo a nuestro Hogar (1 Ped. 2:11). En Cristo, sufrimos con la esperanza de la reunión de todos los santos con Él.

> *En Cristo, sufrimos con la esperanza de la reunión de todos los santos con Él.*

En Cristo, podemos dar gracias a Dios por el sufrimiento, porque nos recuerda que este mundo no es nuestro hogar. Para los que están en Cristo, las lágrimas pueden ser un recordatorio de que el sufrimiento tiene un tiempo limitado y que del otro lado del sol habrá gozo eterno.

Recuerdo una ocasión en que Coco, la perrita de la familia, mostró un comportamiento inusual. Mis padres tenían una reja de acero en la puerta hacia el patio, en forma de pequeños rombos y, aunque Coco es una perrita pequeña, los rombos eran muy pequeños como para que ella los atravesara. Yo la escuché llorando y me puse a buscarla. Me sorprendí cuando la encontré sufriendo mientras intentaba pasar por uno de los rombos. Corrí hacia ella, pero cuando llegué, ya había logrado atravesarla. Me sorprendió que Coco, que era una perrita bastante nerviosa y temerosa, hubiera decidido aventurarse y aun sufrir para atravesar la reja. Estaba todavía pensando en eso cuando vi que Coco corrió hacia una bolsa abierta de sus croquetas favoritas y disfrutó felizmente del banquete. En ese momento, Dios trajo a mi mente las palabras de Hebreos:

Puestos los ojos en Jesús, el autor y consumador de la fe, quien por el gozo puesto delante de Él soportó la cruz, despreciando la vergüenza, y se ha sentado a la diestra del trono de Dios. Consideren, pues, a Aquel que soportó tal hostilidad de los pecadores contra Él mismo, para que no se cansen ni se desanimen en su corazón (Heb. 12:2-3).

Coco estuvo dispuesta a sufrir un poco de tiempo por el gozo que le esperaba en el banquete. Jesús sufrió porque lo acompañaba el gozo de redimir a un pueblo para sí. Ahora, nosotros somos llamados a sufrir con los ojos puestos en Jesús y la esperanza del gozo de que un día Él volverá, secará nuestras lágrimas, alegrará nuestros corazones y nadie nos podrá quitar ese gozo jamás. Podemos soportar el sufrimiento por el gozo de Cristo puesto delante de nosotros.

> *Podemos soportar el sufrimiento por el gozo de Cristo puesto delante de nosotros.*

El sufrimiento nos recuerda a los creyentes que no estamos en nuestro hogar. Nos despierta a la realidad de que este mundo no es seguro para apoyar toda nuestra confianza y asentarnos aquí para siempre. Gloria a Dios por el sufrimiento, porque desata nuestros afectos de este mundo y los ata al siguiente, donde Cristo reinará para siempre.

Gracias a nuestra unidad con Cristo, tenemos a un sumo Sacerdote que se compadece y nos socorre en todo tiempo.

Teniendo, pues, un gran Sumo Sacerdote que trascendió los cielos, Jesús, el Hijo de Dios, retengamos nuestra fe. Porque no tenemos un Sumo Sacerdote que no pueda compadecerse de nuestras flaquezas, sino Uno que ha sido tentado en todo como nosotros, pero sin pecado. Por tanto, acerquémonos con confianza al trono de la gracia para que recibamos misericordia, y hallemos gracia para la ayuda oportuna (Heb. 4:14-16).

Debido a que este pasaje tiene como contexto la lucha contra las tentaciones y los pecados, quizás te preguntes qué tiene que ver con el sufrimiento. Está relacionado porque, aunque sufrir no es pecado, en medio de nuestro sufrimiento, nuestros corazones débiles pueden ser tentados a pecar. Ante el ardor del fuego de la prueba, podemos ser tentados a desconfiar de Dios y querer arreglar el asunto con nuestras propias manos o a alejarnos airados contra Él. Pero en estos pasajes, encontramos un hermoso consuelo de Cristo: podemos retener nuestra fe en medio del dolor porque Él conoce nuestra debilidad. Jesús sabe perfectamente que nuestros corazones son propensos a desviarse, y se compadece de nuestra realidad humana.

Jesús se hizo hombre y vivió la experiencia humana en totalidad. Fue «tentado en todo como nosotros». En nuestro dolor, tendemos a sentirnos solos porque creemos que nadie puede comprender la profundidad de nuestro dolor, pero Jesús sí lo hace, porque sabe cuánto te duele, y se compadece de ti. Él te comprende a la perfección.

Pero esto no solo es un asunto de mera comprensión. Él no solamente fue tentado en todo y por eso sabe lo que sientes, sino que, además, nunca cayó en tentación ni pecó. Esto lo hace no solamente capaz de comprendernos y compadecerse de nosotros, sino también de socorrernos. Así como un campeón de boxeo es ayuda eficaz para un joven que entrena para pelear, Jesús también, al haber sido tentado en todo, «pero sin pecado», es el Campeón que puede socorrer a los que luchamos con la debilidad, la tentación y el pecado.

El autor de Hebreos nos recuerda que podemos acercarnos con suma confianza al trono de Dios. No pude encontrar en la Biblia otra descripción que no sea física del trono aparte de este texto. Fíjate cómo las Escrituras no dicen «el trono de la ira» o «el trono de la justicia», sino «el trono de la gracia». Para los hijos de Dios, el trono de Dios —el lugar desde donde Él gobierna— es una fuente de gracia. El distintivo principal del trono es la gracia, porque Jesús está sentado en él. Gracias a nuestra unidad con Cristo, tenemos un refugio amplio al cual acudir. En los cielos, hay un trono caracterizado por gracia al cual podemos acercarnos para recibir misericordia y la ayuda necesaria. Jesús no se molesta cuando acudimos a Él pidiendo ayuda. Al contrario, es glorificado cuando acudimos a Él. Si pudiéramos comprender que la disposición de Cristo hacia nosotros es de compasión y amor, y que además es poderoso para socorrernos, no dudaríamos en correr cada día al trono de la gracia.

Gracias a nuestra unidad con Cristo, tenemos una familia que llora con los que lloran.

Si un miembro sufre, todos los miembros sufren con él; y si un miembro es honrado, todos los miembros se regocijan con él (1 Cor. 12:26).

Uno de los consuelos más misericordiosos de Jesús es la formación de Su Iglesia. Nos hizo miembros los unos de los otros, dándonos una unidad que supera los lazos de sangre. Compartimos un cuerpo, un Espíritu, una esperanza, un solo Señor, una sola fe, un solo bautismo, y un solo Dios y Padre (ver Ef. 4:4-6). También somos compañeros en los padecimientos, pues «las mismas experiencias de sufrimiento se van cumpliendo en sus hermanos en todo el mundo» (1 Ped. 5:9).

Tal como tu cuerpo se duele cuando uno de sus órganos está herido, lo mismo sucede con el cuerpo de Cristo. Gracias al amor de Cristo al salvarnos y darnos los unos a los otros, lloramos cuando uno de nosotros llora. Esta unidad es un gran misterio. Estamos tan profundamente unidos en Cristo y unos con otros que son nuestros tanto los dolores como las alegrías de nuestros hermanos.

Tenemos en la Iglesia a una familia que, cuando sufrimos, llora con nosotros, ora por nosotros, nos anima, nos ayuda y nos acompaña apuntándonos una y otra vez a Cristo. Esta familia es imperfecta y está en constante crecimiento, y por eso necesitamos de la ayuda de Dios y mutua, de la Palabra de Dios y de libros como este para ser cada vez más conformados a la Iglesia que Dios tiene en Su corazón, y así reflejar la gloria del consuelo y la edificación mutua que Dios diseñó para que lo ofrezca la Iglesia.

Gracias a nuestra unidad en Cristo, fuimos bendecidos con una comunidad que nos acompaña día a día y se convierte en un verdadero bálsamo reconfortante para nosotros durante nuestro peregrinaje. Tenemos en nuestros hermanos un pedacito del cielo en la tierra, pues compartiremos con ellos no solamente los padecimientos de esta vida, sino también los gozos de una eternidad con Cristo. Alabo a Dios por la inmensa gracia de darnos unos a otros para sobrellevar juntos las cargas y los dolores de la vida.

LA GLORIA DE SUFRIR CON CRISTO

No hay gloria más magnífica para el creyente que saber que, aunque suframos mucho, no lo hacemos solos. En esta vida, los hijos de Dios sufriremos, pero podemos estar seguros de que al estar unidos con Cristo, abundará todavía más nuestro consuelo por medio de Él. El consuelo de Cristo nos sostendrá hasta que estemos cara a cara con Él.

Si buscas ser un mejor consolador, conocer el consuelo abundante y constante de Cristo te capacitará para consolar a otros. Me refiero a conocerlo realmente, a tener cicatrices que un día fueron heridas abiertas atendidas y aliviadas por Cristo. Esas heridas cicatrizadas son un anuncio de esperanza para los que sufren a tu alrededor. Las personas que más me han consolado en la infertilidad y otros dolores han sido aquellas que han experimentado de primera mano los abundantes consuelos por medio de Cristo. Toma un momento para meditar en tus propios dolores. ¿Qué heridas sangran en tu corazón? ¿Qué sufrimientos te acompañan hoy? Llévalos a Cristo y experimenta el dulce consuelo que tiene para ti.

PREGUNTAS DE REFLEXIÓN

1. ¿Cuáles son los dos tipos de sufrimiento que los creyentes experimentaremos a lo largo de nuestra vida? ¿Por qué crees que podemos decir que los creyentes sufriremos más que los incrédulos?

_____

_____

_____

2. ¿Alguna vez creíste que, debido a que Dios es amor, no ordena sufrimiento a nuestra vida? ¿Por qué crees que afirmo que, precisamente porque Él es amor, permite que suframos?

_____

_____

_____

3. ¿Has encontrado consuelo en alguno de los cinco consuelos de Cristo que hemos visto en este capítulo? ¿Cuál de ellos ha sido el que más te ha consolado en el sufrimiento y por qué?

_____

_____

_____

4. ¿Cuál es el consuelo que Jesús les da a sus discípulos en Juan 16:19-22? ¿Cómo te consuela la imagen que utiliza Jesús?

_____

_____

_____

5. ¿Has experimentado el consuelo de Cristo por medio de la Iglesia? Si la respuesta es sí, ¿cómo te ha consolado? Si la respuesta es no, ¿por qué crees que no lo has experimentado?

_____

_____

_____

6. ¿Cómo puedes ser un miembro que exprese las propiedades consoladoras que Dios depositó en Su Iglesia para los miembros de tu iglesia local?

_____

_____

_____

7. ¿Puedes pensar en otros consuelos que tenemos por medio de Cristo? ¿Cuáles?

_____

_____

_____

8. ¿Cómo crees que conocer los consuelos de Cristo te capacita para llorar con los que lloran? ¿Hay alguien cerca de ti a quien podrías invitar a tomar un café esta semana para compartirle los consuelos de Cristo?

_____

_____

_____

OTRO CONSOLADOR

Entonces Yo rogaré al Padre,
y Él les dará otro Consolador para que
esté con ustedes para siempre.
(Juan 14:16)

¿Te imaginas haber estado en el momento en que Dios consoló a Moisés y al pueblo de Israel al partir el mar en dos para liberarlos de la esclavitud de Egipto? Imaginemos haber sido Jairo, quien debió de haber sufrido muchísimo al ver fallecer a su hija, pero luego fue grandemente consolado por Jesús cuando la resucitó. ¿Puedes imaginarte lo que habrá sido ser uno de los discípulos en el tiempo de Jesús? Imagina caminar junto a Él y verlo sanando enfermos, alimentando a los hambrientos, liberando a los endemoniados, perdonando a los pecadores y resucitando a los muertos.

Estoy segura de que a todos nos habría encantado vivir esos momentos y haber presenciado el consuelo de Dios, tal como lo experimentaron muchos en el Antiguo Testamento y en el tiempo de Jesús. Pero me pregunto si me creerías si te digo que estamos hoy mismo en el momento de la historia más emocionante y propicio para experimentar el consuelo de Dios.

> *Estamos hoy mismo en el momento de la historia más emocionante y propicio para experimentar el consuelo de Dios.*

Jesús sabía que estaba muy cerca de ser arrestado y decidió pasar Sus últimos momentos cenando con Sus discípulos. Esa cena se tornó un tanto agridulce; Jesús les habló de un traidor (Juan 13:21), predijo la negación de Pedro (13:38) y, finalmente, anunció Su partida (14:12). Sin duda, los dos primeros temas dejaron perplejos a los discípulos, pero cuando Jesús anunció Su partida, fue como si se les hubiera venido el mundo abajo.

Probablemente, yo me habría sentido igual. Volvamos a ponernos en el lugar de los discípulos cercanos de Jesús. Ellos estaban experimentando la dulce compañía de Jesús, habían escuchado la gran sabiduría de Sus palabras y presenciado Su tierna compasión al servir al necesitado. Imagina haber tenido comunión íntima con el Hombre que no es como ningún otro; el que te conoce perfectamente, se compadece de ti, te consuela, no falla, habla con autoridad, es manso, humilde y poderoso. Qué tremendo privilegio debió ser caminar con el Hombre que es el perfecto Dios encarnado, haber dejado todo para seguirlo, experimentar Su ternura y cuidado, y qué duro debió haber sido, después de haber gozado de Él por un tiempo, que te anuncie que ha llegado Su hora de partir. Casi puedo escuchar las voces que salían de los corazones cargados de los discípulos: «¿Cómo podremos vivir sin tu presencia?»; «¿Cómo continuamos sin tus consuelos?»; «Ahora que estás aquí, ¿te vas y nos abandonas?».

¿Puedes identificarte con los discípulos? Quizás leas en los Evangelios sobre Jesús y Su ministerio y sientas algo de tristeza porque Él ya no está en la tierra para consolarnos con esa presencia poderosa y compasiva. Seguramente, quisieras que Jesús estuviera a tu lado para experimentar Su consuelo, Su dirección clara a través de Sus palabras, y para que Su compañía te alentara y te hiciera sentir completamente seguro. Tal como los discípulos se sintieron cuando recibieron la noticia de la partida de Jesús, es posible que hoy te sientas abandonado y huérfano, y clames como el salmista:

¿Hasta cuándo, oh Señor? ¿Me olvidarás para siempre? ¿Hasta cuándo esconderás de mí Tu rostro? (Sal. 13:1).

Hay una verdad que no debemos olvidar. Jesús conocía perfectamente los pensamientos de Sus discípulos, así como conoce por completo cada uno de nuestros corazones (1 Sam. 16:7). Él sabía lo que la noticia de Su partida iba a causar en Sus discípulos y, más adelante, también en Su Iglesia. Jesús conoce perfectamente nuestras necesidades y sabe que dependemos de Él a lo largo de toda nuestra vida. Por eso, consuela tiernamente a los temerosos discípulos y a nosotros con una promesa sin igual:

Entonces Yo rogaré al Padre, y Él les dará otro Consolador para que esté con ustedes para siempre; es decir, el Espíritu de verdad, a quien el mundo no puede recibir, porque ni lo ve ni lo conoce, pero ustedes sí lo conocen porque mora con ustedes y estará en ustedes. No los dejaré huérfanos; vendré a ustedes (Juan 14:16-18).

Ante el doloroso anuncio de Su partida, Jesús consuela a Sus discípulos anunciando la llegada de «otro Consolador». «Otro» porque Jesús había sido el primer consolador para los discípulos. Él había sido el guía, la ayuda, el maestro y el amigo para ellos, pero después de Su ascensión luego de haber cumplido por completo Su obra de redención, habría otro que tomaría Su lugar. El Espíritu Santo asumiría esa labor.

Las palabras que Jesús eligió para referirse al Espíritu Santo son llamativas. De todas las que pudo usar, escogió «Consolador». La palabra griega para consolador es *parakletos*, la cual se traduce como «uno llamado al lado para ayudar».[1] Jesús fue un *parakletos* excepcional para Sus discípulos. Durante tres años, estuvo hombro

---

[1.] *La Biblia de estudio de la Reforma* (Ministerios Ligonier y Poiema Publicaciones, 2020). Notas de Juan 14:16.

a hombro con ellos, ayudándolos e instruyéndolos en todo lo concerniente a la vida espiritual y a Su reino. Les enseñó y profundizó su entendimiento de las Escrituras, oró por ellos y les enseñó a orar, personificó el carácter santo y lo hizo modelando una vida de oración, servicio, humildad y poder en dependencia del Padre. Pero estaba por cumplir Su obra y, por lo tanto, Su hora de partir estaba por llegar, así que les habló de la venida de otro *parakletos*. Este otro Consolador es el Espíritu Santo, la tercera persona de la divina Trinidad, quien ha sido llamado a estar cerca de nosotros para acompañarnos y ayudarnos más cerca de lo que jamás podríamos haber imaginado.

Más adelante, Jesús hizo una afirmación un poco extraña. Les dijo a Sus discípulos:

Pero Yo les digo la verdad: les conviene que Yo me vaya; porque si no me voy, el Consolador no vendrá a ustedes; pero si me voy, se lo enviaré (Juan 16:7).

¿Cómo que nos convenía que Jesús se fuera? ¡Nadie ha visto jamás tal poder y gracia para sanar y salvar como los que vimos en Cristo! Él vino a consolar tantas almas, ¿cómo es posible que nos conviniera que se fuera? Nos convenía porque solo así el otro Consolador nos sería dado.

Tal vez te preguntes por qué Jesús debía partir y por qué no podían quedarse Cristo y el Espíritu Santo entre nosotros. Es importante que entendamos que Jesús debía partir para dar por completa Su obra de redención. Debía encarnarse, morir y resucitar, pero también debía ascender al Padre para presentar delante de Él Su obra redentora terminada y sentarse en el trono celestial que le correspondía. Con Su obra consumada y desde Su lugar divino, sería el perfecto sumo Sacerdote que traspasó los cielos y, a la vez, el primer hombre justo delante del Padre, apto para interceder por nosotros y justificar a todos los que Él llama para salvación en Su nombre. Jesús debía partir para que el Consolador pudiera llegar, porque el Espíritu Santo habitaría en aquellos que serían purificados de sus pecados y justificados delante del Padre. Ahora entendemos por qué

Jesús debía completar Su obra en la tierra, cumplir Su ministerio de intercesión en el cielo y enviar al Espíritu Santo (Heb. 7:25).

¡Gloria a Dios por Jesucristo, pues solamente gracias a Su obra completa los justos por Su sangre derramada en la cruz podrían recibir el don del Espíritu Santo! Pero ¿por qué nos convenía que el Espíritu descendiera? ¿Por qué Jesús consideraba que era mejor que el Espíritu Santo estuviera en la tierra?

Jesús fue nuestro Emanuel, «Dios con nosotros» (Mat. 1:23). Gracias a la consumación de la obra de Cristo, el Espíritu Santo vendría y no solo sería Dios *con* nosotros, sino Dios *en* nosotros. Jesús nos consoló diciendo: «Yo debo irme, pero el otro Consolador estará en ustedes» (ver Juan 14:17).

Nos convenía que Jesús partiera porque el otro *parakletos* estaría más cerca de nosotros que cualquier otro ayudador. No hay ayuda humana más íntima y cercana que la que tenemos con la presencia del Espíritu Santo en nosotros. Nos convenía que Cristo se fuera porque, desde que partió, es posible que experimentemos una mayor cercanía con Él que aquellos que caminaron a Su lado durante Sus días en la tierra. Jesús no nos dejó huérfanos ni desamparados. Más bien, abrió un camino para que pudiéramos experimentar Su presencia y consuelo como nunca antes.

Es muy interesante la manera en que Jesús usa palabras como «otro Consolador» para diferenciarse de la persona del Espíritu Santo, pero también usa afirmaciones como «mora con ustedes» y «vendré a ustedes» para unificarse con la persona del Espíritu Santo. Este es el gran misterio de la Trinidad. El Espíritu no es Jesús, ni Jesús el Espíritu, pero junto con el Padre, los tres son un solo Dios. Iguales en esencia, autoridad y valor, pero distintos en roles.

En esta sección, hemos hablado sobre el consuelo del Padre, el consuelo del Hijo y ahora hablaremos del consuelo del Espíritu Santo. Es importante que notemos que la disposición de la Trinidad hacia nosotros es de compasión y Su tarea constante es brindarnos consuelo. Hay perfecta unidad y acuerdo entre la Trinidad: el Padre nos prometió y dio al Hijo, el Hijo voluntariamente se encarnó y entregó, fue concebido y ungido por el Espíritu Santo para completar Su obra redentora. Una vez terminada, el Hijo rogó al Padre para que el Espíritu nos fuera dado como nuestro Consolador, el cual gozosamente vino para quedarse con nosotros y ayudarnos hasta el fin. ¿Te das cuenta? La Trinidad está en perfecta armonía y obra para nuestra consolación. Dios es el gran y perfecto Consolador.

Hoy mismo es el momento más excelente para experimentar el consuelo y la ayuda de Dios, puesto que Cristo está sentado en el trono, Su obra ya fue terminada y Su Espíritu habita en todos los de la fe en Jesús.

En el Espíritu Santo, tenemos un Consolador sin igual. La gente se amontonaba para recibir consuelo de Jesús cuando estaba en la tierra, pues, aunque era Dios, también era hombre y estaba en un lugar a la vez. Sin embargo, ahora Él habita en cada creyente permanentemente por medio del Espíritu Santo (Ef. 3:17).

Vemos a los discípulos temerosos e inconstantes antes de la ascensión de Cristo, pero después de la llegada del Espíritu en Pentecostés, vemos a una iglesia unida, firme, valiente y fiel. Antes de la llegada del Espíritu, vemos a los discípulos desconsolados, pero después de que descendió en Pentecostés, vemos a una Iglesia consolada que consuela a otros con el inmenso consuelo de Dios. Gracias a la presencia permanente del Espíritu Santo en el creyente, podemos disfrutar del consuelo y la ayuda constantes de Jesús. Además, la buena noticia es que este Consolador no se irá jamás; Él estará con nosotros todos los días de nuestra vida hasta la gloria (Juan 14:16).

﷽ NUESTRO AYUDADOR ﷽

Como a uno a quien consuela su madre, así los consolaré Yo; En Jerusalén serán consolados (Isa. 66:13).

El Señor asemeja Su cuidado al de una madre que consuela a su hijo. Piensa en una buena madre: ¿cómo consuela a su hijo? Algunas veces, con un cálido abrazo y otras veces, con palabras llenas de amor. También consuela ofreciendo dirección y soluciones, y otras veces simplemente con su compañía silenciosa. Podríamos concluir afirmando que una madre consuela a su hijo siendo la ayuda necesaria bajo cualquier circunstancia adversa que pueda enfrentar. La madre se convierte en su enfermera cuando el niño está enfermo. Se convierte en maestra si el niño no entiende su tarea. Es fortaleza si tiene miedo, y refugio si llora. El Espíritu Santo nos consuela de esta misma manera, ejerciendo distintos roles en nuestra vida para ayudarnos en las diferentes dificultades que se presentan en la vida.

El Espíritu Santo es quien nos enseña y recuerda las palabras de Jesús cuando nos encontramos en necesidad (Juan 14:26). Nos alienta tal como lo haría una madre a su hijo en los tiempos difíciles de la vida. El Espíritu Santo es quien nos abraza con Su paz cuando nuestros corazones y mentes se inquietan (Juan 14:27). Cuando no sabemos cómo orar, el Espíritu intercede amorosamente por nosotros delante del Padre pidiendo de acuerdo a la voluntad de Dios (Rom. 8:26). Cuando nos encontramos en pecado, el Espíritu Santo celosamente nos convence de pecado (Juan 16:8) y tiernamente nos guía al arrepentimiento (Hech. 17:30; Ef. 2:8). Es el Espíritu quien nos enseña a clamar «Abba, Padre» a Dios en necesidad (Rom. 8:15), quien nos da fortaleza en nuestra debilidad, la capacidad para no satisfacer los deseos de la carne (Gál. 5:16) y quien produce Su fruto en nuestras vidas (Gál. 5:22-23). Nos guía a la verdad, por medio de las Escrituras renueva nuestra mente, nos edifica y santifica para llevarnos a ser como Jesús, y nos preserva a través de los valles y las montañas de la vida hasta nuestro eterno hogar.

¡Gracias a Dios por Su Espíritu en nosotros!

Uno de los más grandes dones y milagros de Dios es la presencia del Espíritu Santo que habita en cada creyente, quien obra constantemente en nosotros para consolarnos en medio de un mundo atribulado. Esta realidad no solo afirma nuestra seguridad como hijos de Dios, sino también nuestra capacidad para ser mejores consoladores para los que lloran. El Espíritu Santo nos consuela constantemente, y a la vez nos capacita para andar en Él. Cuando recibimos al «otro Consolador» también recibimos «poder» (Hech. 1:8) para testificar de Jesucristo a un mundo de lágrimas sin esperanza. Este poder nos da la valentía para predicar el evangelio y la capacidad para modelarlo con nuestra vida. Nosotros no podemos ser un instrumento eficaz de consuelo sin la presencia y el poder del Espíritu en nosotros, pues Él nos proporciona Su poder para llevar a otros al Señor. Queremos ser instrumentos que llevan a otros a Dios, pues en Él se encuentra todo el consuelo necesario, y podemos serlo por la continua presencia y obra del Espíritu en nosotros.

El Espíritu Santo es el agente principal para la consolación mutua. Está continuamente obrando en tus hermanos a favor de ti para tu consuelo y en ti a favor de tus hermanos para sus consuelos:

- El Espíritu Santo, que nos recuerda las palabras de Jesús para nuestro consuelo, es el que trae a nuestra mente pasajes de las Escrituras para consolar al que llora junto a ti.

- El Espíritu Santo, que nos impulsa a la adoración, es el mismo Espíritu que nos impulsa a hablarnos unos a otros para nuestra edificación con salmos, himnos y cantos espirituales (Ef. 5:19).

- El Espíritu Santo, que pacientemente nos santifica, es quien nos da la paciencia para acompañar a otros en sus lamentos.

- El Espíritu Santo, que constantemente nos está sirviendo en nuestra debilidad, nos habilita para servir de manera desinteresada a los vulnerables de nuestra comunidad.

- El Espíritu de sabiduría es el que nos da la sabiduría para saber cuándo callar, cuándo hablar y cuándo actuar en favor de los afligidos.

- El Espíritu Santo, que nos ama con un amor entrañable, es quien nos da el amor para poder llorar con los que lloran.

El Espíritu Santo es el autor principal de la consolación unos a otros, y Su herramienta primordial es la Biblia. Considera las palabras de Jesús acerca de lo que el Consolador haría:

Pero el Consolador, el Espíritu Santo, a quien el Padre enviará en Mi nombre, Él les enseñará todas las cosas, y les recordará todo lo que les he dicho (Juan 14:26).

Jesús dijo que este Consolador nos enseñaría y nos recordaría todo lo que Él ya había hablado a los discípulos. No vino a predicarnos otro evangelio ni a edificar otro reino, sino a ayudarnos a crecer sobre el fundamento que Cristo dejó en las Escrituras. El Espíritu las conoce bien, porque Él las inspiró (2 Ped. 1:21) y determinó que fueran el medio primordial de perfeccionamiento en la vida del creyente (Sal. 119:9; Juan 15:3; Ef. 5:26). No debes olvidar nunca que la herramienta primaria y principal del Espíritu Santo en la vida del creyente es la Palabra de Dios. Su obra en el cristiano no es mágica, sino que nos guía cuando meditamos en las palabras de Cristo. Nosotros debemos vivir en un constante estudio, lectura, oración y meditación de la Palabra de Dios, confiando en que el Espíritu Santo que habita en nosotros nos ayudará a comprenderla, abrazarla, ponerla en práctica y hablarla para el consuelo de nuestro prójimo.

El amado Espíritu Santo ha sido mi mayor Consolador:

- Él apunta mi mirada a la esperanza de Cristo cuando me han querido inundar torrentes de tristeza.

- Me recuerda que no me canse de hacer el bien, trayendo a mi memoria que un día recogeré la cosecha cuando me he sentido desanimada en el ministerio.

- Me ha impulsado a callar, escuchar y llorar con una persona afligida cuando he estado cerca de ella.

- Me ha recordado lo paciente y tierno que es conmigo, dándome la ternura que mi prójimo necesita de mí cuando he sido tentada a impacientarme ante sus lamentos.

- Me ha traído paz y dirección sobre cómo servirlo cuando he orado por alguien que llora.

- Me ha guiado a dar un abrazo y beso en la frente cuando no sé qué decirle al doliente.

¡Qué consuelo es tener al Consolador, el Espíritu Santo, en nosotros!

No estamos solos en nuestras aflicciones ni en nuestro acompañamiento a los demás cuando están sufriendo. En el Espíritu Santo, tenemos a un amigo fiel y constante que nos conoce perfectamente, nos consuela cada día y nos ayuda a consolar a los demás.

El regalo del Espíritu Santo no es exclusivo para cierto tipo de creyente; es un don que el Padre da a todo aquel que pone su fe en Jesús. Si no has puesto tu confianza en tus obras, sino en la obra de Cristo para salvación, todo esto es para ti.

Comenzamos diciendo que a muchos de nosotros nos gustaría haber estado en los tiempos de Moisés y de Jesús para ver de cerca a Dios y Sus consuelos, pero gracias a Dios por Su Espíritu Santo en nosotros, pues ahora tenemos a Dios y Sus consuelos más cerca de lo que jamás podríamos imaginar. Tan cerca que hizo de nosotros Su humilde habitación. Tan cerca como las cascadas desembocan en los ríos, cada segundo somos receptores de las cascadas de Sus consuelos y bendiciones abundantes. Tan cerca que estará con nosotros para siempre.

¡Dios en nosotros es el mejor consuelo que podemos recibir!

PREGUNTAS DE REFLEXIÓN

1. ¿Alguna vez pensaste en otro tiempo de la historia en el cual te gustaría haber nacido? Antes de leer el capítulo, ¿habrías escogido el tiempo del Antiguo Testamento, el de Jesús o el actual? Ahora que leíste el capítulo, ¿cuál escogerías?

_____

_____

_____

2. ¿Alguna vez creíste que, debido a que Jesús ascendió al Padre, estamos en desventaja en comparación con aquellos que caminaron junto a Él? ¿Por qué crees que podemos afirmar que ahora es el momento de mayor ventaja en la historia?

_____

_____

_____

3. ¿Por qué crees que Jesús se refirió al Espíritu Santo como «otro Consolador»?

_____

_____

_____

4. ¿Por qué Jesús debía irse para que el Espíritu descendiera? ¿Cómo es que, después de la ascensión de Cristo, nuestra relación con el Espíritu Santo sería diferente a la de los personajes del Antiguo Testamento?

_____

_____

_____

5. ¿De qué manera tener al Espíritu Santo como tu Consolador que habita en ti cambia tu forma de ver a Dios? ¿Cómo cambia tu forma de ver la práctica de consolarnos unos a otros?

_____

_____

_____

6. ¿Has experimentado el consuelo de Cristo por medio de Su Espíritu? Si la respuesta es sí, ¿cómo te ha consolado? Si la respuesta es no, ¿por qué crees que no lo has experimentado?

_____

_____

_____

7. ¿Cómo nos ayuda el Espíritu Santo a ser consoladores compasivos? ¿Qué cosas prácticas debemos hacer para colaborar con Él en nuestro perfeccionamiento como consoladores?

_____

_____

_____

8. ¿Qué crees que significa «ser lleno del Espíritu»? ¿Cómo crees que puedes ser lleno? ¿Cuáles son algunas evidencias de la llenura del Espíritu de acuerdo a Efesios 5:18-21?

_____

_____

_____

9. ¿Hay algún sufriente cerca de ti por el cual puedas orar pidiendo el amor y la dirección del Espíritu para servirlo? ¿Cómo puedes acompañarlo esta semana?

_____

_____

_____

LA SOBERANÍA DE DIOS EN LA AFLICCIÓN

Estén quietos, y sepan que Yo soy Dios...
(Salmo 46:10a)

Llevo más de una década enseñando la Palabra de Dios, y he descubierto que no hay un atributo divino que provoque más ceños fruncidos y brazos cruzados que Su soberanía. Pienso que la soberanía de Dios es Su atributo más malentendido y, desgraciadamente, menos observado. Lo lamento, porque el entendimiento de la soberanía de Dios ha sido uno de los bálsamos más eficaces para calmar mi corazón doliente. Es una lástima que algunos hijos de Dios se pierdan de la belleza única que se puede observar a través de este atributo exclusivo de Dios. Una hermosura que no solo nos hace adorar a nuestro Dios, sino que también nos ofrece un consuelo único en medio de nuestras lágrimas.

El término «soberanía» proviene del latín, y está formado por las palabras *sober,* que significa «encima», y el sufijo *anus,* que se traduce como «procedencia». Podría entonces definir la soberanía como el poder supremo sobre todo. Cuando decimos que Dios es soberano, estamos afirmando que es quien ordena todo en todo, quien tiene la máxima autoridad sobre todo lo creado y que no hay poder, ley, ni ninguna otra cosa en el universo que lo pueda estorbar o detener.

Hay una posible razón para que ese atributo divino sea tan malentendido. Es fácil afirmar y abrazar la soberanía de Dios en los días buenos, pero durante los días malos, nos encontramos en una encrucijada. En esos días, solemos preguntarnos:

Si Dios es soberano, ¿significa que está reinando por encima del accidente automovilístico de Marcela y de la quiebra de Emilio?

¿Tiene autoridad sobre nuestra infertilidad?

¿Está Dios por encima de nuestros problemas económicos, las pérdidas de nuestros seres queridos, las injusticias y nuestras enfermedades?

¿Están nuestras aflicciones bajo la autoridad de Dios?

Las Escrituras nos llevan a concluir que Dios no solamente conoce cada una de las aflicciones que pasamos, sino que también no lo han tomado por sorpresa ni las ignora, sino que han llegado a nuestra vida por Su permiso.

Es posible que, después de leer este último párrafo, haya un ceño fruncido en tu rostro. Debo confesarte que cuando comencé a estudiar la soberanía como atributo de Dios en la Biblia y en algunos libros de teología, yo también terminé con un rostro malhumorado y cientos de preguntas. Me preguntaba: ¿por qué, si Dios es soberano, no detiene mi dolor? Más aún, ¿por qué permite y ordena el sufrimiento? Gracias a Dios porque Él no se intimida ni impacienta con nuestras preguntas. Al contrario, se glorifica en medio de ellas cuando acudimos a Él en busca de respuestas.

Retomemos la historia de Job. Al inicio del relato, nos encontramos a Satanás pidiendo permiso a Dios para traer aflicción tras aflicción a Job. Nos sorprende descubrir que Dios se lo otorga (Job 1:8-10). Esta es una buena oportunidad para aclarar que aun el diablo está bajo la soberanía de Dios. La creencia bastante popular es que Satanás es la antítesis de Dios, que Dios gobierna el cielo mientras que Satanás gobierna el infierno. Sin embargo, ese pensamiento no puede estar más alejado de la realidad. Dios es único y no hay quien se iguale a Él en categoría. Dios es el único Creador y Satanás es criatura. Dios gobierna sobre todo lo que existe —aun el infierno— en justicia, bondad y perfección. Sé que esto puede incomodarte, pero Satanás no puede hacer nada sin el permiso de Dios. Soberanamente, Dios permite que Satanás aflija y haga de las suyas en este mundo, pero debemos entender que es bajo la autoridad bondadosa y providencial de Dios que el enemigo tiene permitido obrar.

Es posible que, después de ser alumbrado con la luz de la verdad de la soberanía de Dios, su brillo encandile tu visión de tal manera que te cueste ahora interpretar en toda su dimensión la vida y a Dios mismo. Un vistazo a la soberanía de Dios podría, por ejemplo, enceguecernos y hacernos dudar de Su bondad. Es comprensible tener dilemas en nuestro corazón al entender que Dios tiene autoridad y poder sobre todo y, a la par, encontrarnos con el dolor todavía presente, real y sofocante que nos rodea. No obstante, estoy segura de que, si en lugar de intimidarte por la luz encandiladora de este atributo de Dios, lo continúas contemplando y orando para que el Señor te permita entender Su enorme grandeza, entonces tu visión se irá ajustando y podrás apreciar nuevos tonos, matices y texturas del consuelo que produce tener a un Dios soberano.

UN APRENDIZAJE DE LA ⋙ SOBERANÍA DE DIOS EN EL ⋘ LIBRO DE JOB

Como dije, Dios permitió que Satanás afligiera sobremanera a Job. Entonces, ante el infortunio de Job, aparece una primera «consoladora».

Entonces su mujer le dijo: «¿Aún conservas tu integridad? Maldice a Dios y muérete». Pero él le dijo: «Hablas como habla cualquier mujer necia. ¿Aceptaremos el bien de Dios, pero no aceptaremos el mal?». En todo esto Job no pecó con sus labios (Job 2:9-10).

Su esposa observó el dolor agonizante de Job y lo invitó a rebelarse contra Dios y terminar con su vida (por favor, nunca intentemos aconsejar a alguien así). Es impresionante que Job, a pesar de haber perdido también la fe de su esposa, pudo sostenerse y consolarse reconociendo la soberanía de Dios. A través de las calamidades, pudo comprender que, a pesar de que Dios no es el autor del mal —pues «no puede ser tentado por el mal y Él mismo no tienta a nadie» (Sant. 1:13)—, Él puede soberanamente ordenar y permitir el mal en su vida. Hasta se podría decir que su esposa también pudo discernir que la mano de Dios estaba detrás de la desgracia de Job. A diferencia de nosotros, pareciera que los personajes bíblicos no tenían confusión ni duda sobre la soberanía de Dios en la aflicción.

Aunque ambos pudieron reconocer la soberanía de Dios sobre su aflicción, la diferencia entre ellos fue la actitud del corazón. La mujer de Job no quería aceptar el mal de Dios, a tal punto que prefería que su esposo abandonara su fe y su vida antes que aceptar su nueva realidad. En cambio, Job pudo recibir la aflicción y no solo aceptarla, sino también adorar a Dios en medio de ella.

Desnudo salí del vientre de mi madre
Y desnudo volveré allá.
El Señor dio y el Señor quitó;
Bendito sea el nombre del Señor (Job 1:21).

¿Cómo pudo Job decir tal cosa? ¿Cómo pudo recibir el mal y no solo el bien de Dios, y aun adorarlo en sus lágrimas? ¿Cómo se puede aceptar la soberana voluntad de Dios? ¿Cómo estar en paz en medio de calamidad? Para responder, hagamos un ejercicio.

Imagina que me aparezco en tu casa a las tres de la mañana con un bisturí y una pinza médica y te digo que debo hacerte una cirugía de urgencia. ¿Qué harías? Probablemente, llamarías a la policía o, por lo menos, me cerrarías las puertas de tu casa. Esta reacción no me sorprendería, porque es natural e incluso prudente. No me conoces, no sabes si es verdad que soy doctora o si padezco algún problema mental.

No me conoces, por lo tanto, no confías en mí.

Pondré otro caso. ¿Qué harías si tu mejor amigo llega una noche corriendo a tu casa y te pide con urgencia las llaves de tu camioneta? Seguramente, estarías un poco reacio, pero si es un buen amigo, se las darías sin pensarlo mucho. Es probable que tendrías algunas dudas y te preocuparías, pero seguramente esa preocupación sería más por su bienestar y no por haberle entregado tu camioneta. Esta reacción también sería natural pues, aunque actuó de manera extraña, conoces a tu amigo. Hay mucho afecto, conocimiento mutuo y estás seguro de que jamás planearía un mal contra ti.

Lo conoces, por lo tanto, confías en él.

Ambos escenarios contienen actos sorpresivos y algo extraños; sin embargo, lo que determina tu actitud positiva o negativa es la relación, el conocimiento y la confianza en la persona. Es lo mismo con Dios. Hay momentos en la vida en donde Dios obrará de maneras que no lograremos entender, pero si conocemos Su carácter y corazón hacia nosotros, entonces podremos estar confiados aun en medio de Sus obras misteriosas.

La esposa de Job acertó en percibir la mano soberana de Dios, pero erró al no conocer el corazón bondadoso y sabio que impulsaba la dirección de esa mano. Ella entendía de alguna manera que Dios es soberano sobre la aflicción, pero desconocía el carácter compasivo del Dios soberano. En cambio, Job pudo descansar en que el mismo Dios bueno que lo había bendecido era el Dios que permitió que la calamidad tocara su puerta.

LA CONFIANZA EN LA PERSONA DE JESÚS

Tú y yo tenemos mayores evidencias que Job para descansar en el carácter de Dios aun en medio de los dolores que permite en nuestra vida y en la de nuestros seres queridos. Hoy tenemos muchas más razones para confiar en Dios en nuestras lágrimas que las que tuvieron Job y los sufrientes del Antiguo Testamento.

La mayor evidencia para confiar se encuentra en la persona de Jesús. Considera el Salmo 69, donde encontramos porciones con doble aplicación; es decir, lo que se narra en este salmo era una realidad tangible para David, pero también tiene un cumplimiento en Jesús. Por ejemplo, cuando Jesús echó a los mercaderes del templo y volcó las mesas, los discípulos recordaron: «Porque el celo por Tu casa me ha consumido» (v. 9). También es bien conocido que, durante la crucifixión, se cumplió lo siguiente: «Y por comida me dieron hiel, y para mi sed me dieron a beber vinagre» (v. 21). Pero ¿alguna vez has leído más allá de estos versículos tan conocidos? Mientras leía el salmo completo, me encontré con palabras que me conmovieron profundamente.

La afrenta ha quebrantado mi corazón, y estoy enfermo;
Esperé compasión, pero no la hubo;
Busqué consoladores, pero no los hallé.
Y por comida me dieron hiel,
Y para mi sed me dieron a beber vinagre.
Que la mesa delante de ellos se convierta en lazo,
Y cuando estén en paz, se vuelva una trampa.
Núblense sus ojos para que no puedan ver,
Y haz que sus lomos tiemblen continuamente.
Derrama sobre ellos Tu indignación,
Y que el ardor de Tu ira los alcance (Sal. 69:20-24).

Es indudable que David escribió estas palabras en medio de una gran agonía, pero sus palabras también tuvieron su cumplimiento en Jesús. Cristo no encontró consoladores ni consuelo mientras estaba en la cruz cargando nuestros pecados. Gracias a que Él no tuvo consuelo en la cruz, nosotros recibimos el consuelo del perdón de pecados, la victoria sobre la muerte, el pecado y Satanás, la vida eterna y la reconciliación con Dios. Somos consolados por medio del desconsuelo de Cristo en la cruz.

Este salmo es una oración del justo perseguido, en la que David pide para que el ardor de la ira de Dios alcance a sus enemigos y que sus nombres sean borrados del libro de la vida. Sin embargo, siglos más adelante, mientras Jesús cumplía esta escritura, declaró: «Padre, perdónalos, porque no saben lo que hacen» (Luc. 23:34), para que nuestros nombres fueran escritos para siempre en Su libro (Luc. 10:20).

¡Cuánta gracia! ¡Cuánto amor!

Solo basta considerar tal amor revelado en la cruz para que podemos descansar. Si el Dios soberano que ordena y permite las aflicciones en mi vida es el mismo Dios que tanto me amó hasta el punto de ordenar y permitir la aflicción de Su Hijo para que muriera por mí y yo viviera por Él, entonces no tendría por qué dudar de Sus obras, de Su actuar o de Su sabiduría. No hay razón para enojarme o sentirme decepcionada del que tanto ama mi alma que hasta dio Su vida para que yo pueda gozar de la vida eterna. Tampoco podría dudar de Su bondad y de Sus intenciones hacia mí o mis seres queridos. A la luz de Su carácter, puedo aceptar el mal y no solo el bien, porque todo viene de Dios. La cruz me permite dormir en paz mientras estoy en lecho de calamidad. Su gran amor y sabiduría me permiten adorarlo con todo el corazón en el valle de la sombra de muerte.

ENCONTRAR LA QUIETUD DEL AMOR DE DIOS EN MEDIO DE LA AFLICCIÓN

Estén quietos, y sepan que Yo soy Dios... (Sal. 46:10a).

En medio de un mundo atribulado, es difícil encontrar quietud. Podría definir la quietud como un estado de serenidad y calma interna, aun cuando externamente nos encontremos en medio de una tempestad. Es experimentar paz y confianza, a pesar de las situaciones adversas. Tendemos a inquietarnos cuando el sufrimiento toca nuestra puerta. Nuestra mente corre a mil por hora y nuestras emociones parecen montañas rusas que suben y bajan. Buscamos ansiosamente soluciones hasta por debajo de las piedras y planeamos mil salidas para escapar del sufrimiento. Todo eso es natural; nadie quiere sufrir, y no tiene nada de malo desear estar en paz o gozar de bienestar. También es bueno servirnos de los medios de gracia que Dios usa para nuestro bien. El problema es que muchas veces actuamos con un corazón incrédulo. Desconfiamos de Dios y acudimos a ídolos que ofrecen respuestas rápidas y tranquilidad inmediata. El problema es que ninguno de ellos puede aquietar plenamente el corazón humano.

> *En medio de mis lágrimas, he comprobado que el secreto de la quietud es saber quién es Dios.*

Hace un tiempo, le pregunté a mi amiga Anke qué la sostuvo cuando perdió a sus padres. Me contestó con una gran sonrisa en su rostro: «Saber que la soberanía de Dios no está divorciada de Su bondad». Cuando escuché su respuesta, asentí y sonreí porque esa realidad también ha sido un sostén firme para David y para mí en medio de nuestras pruebas. Conocer que Dios es soberano, pero también bueno, aquieta nuestros impulsos por desear algo diferente a lo que Dios nos ha dado, pues sabemos que lo que podamos estar pasando es lo mejor para nosotros. Si desconocemos el carácter de Dios, podríamos reaccionar ante nuestras pruebas o las de nuestros seres amados tal como la mujer de Job: reconociendo la soberanía de Dios, pero dudando de Su amor. En lugar de tener un corazón quieto en Dios, lo que tendríamos es un corazón revuelto y desconfiado.

El mismo Dios que es soberano es un Dios bueno. ¡Esta es una gran noticia! Si Dios fuera soberano, pero no bueno, entonces sería la suprema amenaza para toda la creación. Qué terror que existiera alguien con tanto poder y tanta maldad, sin siquiera la posibilidad de un rival. Pero Dios no es así; es soberano y bueno. Si Dios es bondadosamente soberano y soberanamente bueno, quiere decir que Su soberanía está repleta de Su bondad. Si Dios es soberano y bueno, entonces Él es la suprema bendición para toda la creación. No hay rival que pueda estorbar Su benevolencia y amor hacia nosotros:

... ni la muerte, ni la vida, ni ángeles, ni principados, ni lo presente, ni lo por venir, ni los poderes, ni lo alto, ni lo profundo, ni ninguna otra cosa creada nos podrá separar del amor de Dios que es en Cristo Jesús Señor nuestro (Rom. 8:38-39).

Si Dios es soberano y bueno, entonces Su amor hacia nosotros triunfa ante toda tempestad y obra a nuestro favor en medio de nuestros dolores. Cuán grande es el amor de Dios. Si nunca más pudiera estudiar otro tema, excepto uno, sin duda elegiría el amor de Dios. Tan misterioso y a la vez tan claro. Sumamente incomprensible y a la vez tan evidente. Tan simple y a la vez tan complejo. Estoy convencida de que no hay momento en donde el ser humano sea más iluminado que cuando tiene pensamientos sobre el amor de Dios. No hay conocimiento más alto ni más transformador que conocer Su amor. La realidad es que una vida no es suficiente para conocer de Su amor, pero Jesús abrió el camino para que pasáramos toda una eternidad maravillándonos por la inmensa altura, anchura y profundidad de Su amor (Ef. 3:18).

Es importante enfatizar que la Biblia no dice que Dios *tiene* amor, sino que *es* amor (1 Jn. 4:8). El amor de Dios no es un interruptor que se prende o se apaga; es la naturaleza misma de Su ser. Es Su amor el cual está en constante operación en Sus hijos, aun a través de las más terribles aflicciones. Cuando estamos en medio de la tormenta o cuando contemplamos el impacto en nuestra vida des- pués de su paso, es muy tentador quejarnos contra Dios. A veces, los daños son tan desgarradores que terminamos con una visión como de túnel, la cual nos permite ver solo lo que tenemos enfrente y nubla toda la bondad de Dios que realmente nos rodea. Es en ese mismo momento cuando debemos esforzarnos por mirar con aten- ción para encontrar las evidencias diarias de Su gracia soberana y amorosa en nuestra vida.

LOS MEDIOS DE GRACIA
ORDENADOS POR DIOS PARA
SOSTENERNOS EN LA AFLICCIÓN

Así como Dios ordena bondadosamente sufrimiento en nuestra vida, también ordena bondadosamente medios de gracia para nuestro sostén y alegría en el sufrimiento. Dios permitió que David y yo pasemos por el valle de la infertilidad, pero también permitió que tengamos a nuestra iglesia local para nuestra alegría y consolación. Dios permitió que derramemos lágrimas de desilusión por embarazos fallidos, pero también permitió que derramemos lágrimas de felicidad por el nacimiento de nuestros sobrinos. Dios no nos ha concedido la felicidad del deseo cumplido, pero ha permitido que tengamos una hermosa comunidad con la cual jamás pudimos siquiera soñar. Dios ha ordenado hasta ahora que no tengamos hijos, pero nos ha dado una familia de sangre y de fe que nos anima y alegra cada día. Dios ordena el dolor en nuestra vida, pero también ordena la alegría en medio de ella, y además, tenemos la promesa de que ordenará nuestro dolor para que resulte en una mayor y eterna alegría (2 Cor. 4:17).

Medita en tu vida y en la del sufriente cerca de tu corazón. Seguro podrás encontrar cientos de evidencias diarias de la gracia soberana de Dios en sus vidas, sin olvidar la mayor de todas, que resplandeció en el Calvario. Contempla con detenimiento cada una de tus bendiciones y permite que tu corazón abunde en gratitud a Dios. Considera con un corazón agradecido cada una de las bondades en sus vidas como un regalo inmerecido que Dios permite para tu alegría y Su gloria.

No lo olvides, nosotros no merecemos nada. Debemos reconocer humildemente que todo lo que podríamos perder es algo que hemos recibido sin tener mérito alguno. Dios no nos debe nada y aun así nos dio lo más valioso, a Su Hijo. Si no nos hubiera dado nada más que a Jesús, ya habría sido más que suficiente, lleno de gracia y sobreabundantemente generoso con nosotros. Aun así, Él nos bendice con más destellos de gozo y consuelo cada día. Cuando seamos tentados a la queja, recuerda que hay infinitas razones para agradecer. Cultivar un corazón agradecido es como enraizarte en tierra firme. Así, cuando la adversidad toque tu puerta, podrás sostenerte en la bondad de Dios demostrada hacia ti en el pasado.

¡Qué consuelo es saber que nuestro Dios es soberano! Esto quiere decir que, en primer lugar, todo el mal que pueda llegar a nuestra vida ha sido orquestado hasta el más mínimo detalle para nuestro bien supremo. En segundo lugar, junto con él, han sido ordenados medios de gracia y alegría para nuestro sostén. En tercer lugar, el sufrimiento es un siervo de Dios que tiene un tiempo limitado. Podemos estar confiados en medio de las obras misteriosas de Dios debido a que Su carácter ya nos ha sido revelado por Su Espíritu a través de las Escrituras.

UN DIOS SOBERANO ES UN DIOS CONFIABLE

Tenemos a un Dios confiable. Todo cristiano verdadero puede entender esa afirmación porque tenemos tantas historias registradas en la Biblia en las que Dios ha obrado y ordenado las tempestades a favor de Su pueblo y para Su gloria. Podemos aprenderlo en la vida de José, porque Dios cambió toda adversidad para bien. Lo podemos ver en las vidas de Daniel y sus amigos, cuando fueron echados al horno de fuego y Dios se glorificó al sacarlos con vida en medio de un pueblo pagano. Más aún, lo aprendemos de nuestro amado Señor Jesucristo, quien vivió el evento más oscuro de la historia y Dios lo convirtió en el más hermoso.

No te sorprendas cuando llegue el sufrimiento a tu vida o a la de tus seres queridos; Jesús ya nos anticipó en Su Palabra que en este mundo tendremos aflicción (Juan 16:33). Más bien, recíbelo sabiendo que está bajo el control absoluto del Señor y ha sido ordenado por el Dios que te ama para que obre en ti todo lo que sea necesario, y asómbrate por el desborde de gracia y amor que fielmente proveerá para tu fortalecimiento, sostén y alegría en medio de la prueba.

Descansa, inquieto corazón.
Dios tiene el control y sabe qué es mejor para nosotros.

Recuérdale a tu alma que el Dios que murió por ti es el que te tiene en Sus brazos soberanos. Podemos estar quietos, pues el gran Consolador es nuestro Dios. Ya que el Padre de forma compasiva nos dio a Su Hijo, que el Hijo se entregó de manera voluntaria por nosotros y que Su Espíritu está fielmente en nosotros, podemos afirmar con certeza que Dios es el gran Consolador.

La Trinidad obró y continúa obrando a favor de nuestro consuelo, permitiéndonos gozar desde hoy y para siempre de todas las bendiciones consoladoras que se encuentran en Cristo Jesús. Por lo tanto, podemos concluir que lo mejor que podemos hacer por los que lloran es ofrecerles a Cristo mismo, y señalarles a nuestro Dios soberano, compasivo, dispuesto y capaz para consolar a toda alma cansada y atribulada. Recuerda que, para poder ofrecer el consuelo de Dios a alguien, primero debemos recibirlo nosotros. Por eso te invito a que dediques tu vida a la contemplación de Cristo, creciendo constantemente en el entendimiento del corazón de Dios por ti, para que por fin experimentes Sus consuelos y para que broten a través de ti ríos de agua viva que alivien a los corazones dolientes cerca de ti.

PREGUNTAS DE REFLEXIÓN

1. Antes de leer el capítulo, ¿qué pensabas sobre la soberanía de Dios? Ahora que lo leíste, ¿qué cambios hay en tu pensamiento?

_____

_____

_____

2. ¿Por qué crees que, de todos los atributos, la *soberanía* es uno de los más controversiales?

_____

_____

_____

3. ¿Consideras que el sufrimiento que Dios ha permitido en tu vida te ha acercado o te ha alejado de Él? ¿Por qué crees que ha sido así?

_____

_____

_____

4. ¿Cuál fue el error de la mujer de Job? ¿Cómo podemos guardarnos de tener su misma actitud ante el sufrimiento?

_____

_____

_____

5. «En todo esto no pecó Job, ni atribuyó a Dios despropósito alguno» (Job 1:22, RVR1960). ¿Cómo este versículo de la Palabra nos muestra algo de la relación de Job con Dios?

_____

_____

_____

6. ¿Cómo es que reconocer la soberanía de Dios nos ayuda a aquietar nuestro corazón? ¿Cómo nos ayuda a ser consoladores compasivos?

_____

_____

_____

7. ¿Recuerdas alguna evidencia de la gracia de Dios ordenada a tu vida para tu sostén y alegría en medio del sufrimiento? ¿Hay alguna evidencia de gracia en la vida del sufriente cercano a tu corazón que puedas recordarle hoy?

_____

_____

_____

8. Después de leer esta segunda sección, ¿por qué crees que afirmamos que Dios es el gran Consolador?

_____

_____

_____

PARTE 3

EL CONSUELO EN ACCIÓN:

¡IMITA A CRISTO!

HEMOS LLEGADO A LA SECCIÓN PRÁCTICA

Esta sección es sumamente importante, porque todo lo que hemos aprendido nos debe llevar a ponerlo en práctica. El buen fruto evidencia al buen árbol (Mat. 7:17). Es decir, si nuestro conocimiento no se ve reflejado en nuestra forma de vivir, entonces lo aprendido no nos ha hecho sabios para aplicarlo, y revelaría que no hemos comprendido en realidad. Pero gracias a Dios por Su Espíritu que nos ayuda a que Su Palabra transforme nuestro corazón y disponga nuestras acciones. Él produce en nosotros tanto el querer como el hacer por Su buena voluntad (Fil. 2:13).

Estoy segura de que te interesaste en este libro para aprender a caminar con otros en sus dolores, por lo que esta sección será esencial, ya que está enfocada en ayudarnos a ver el consuelo de Cristo en acción para imitarlo y así practicar el consuelo cristiano. También encontrarás ejemplos reales personales y de otros a mi alrededor que han consolado y han sido consolados por medio de algunas acciones. El propósito de esta parte es convencerte del gran efecto que imitar a Cristo puede tener en el que sufre. Al final de cada capítulo, encontrarás una nueva sección denominada «Consuelo en acción», que nos ayudará a encontrar el camino para poner en práctica lo aprendido.

Para este punto, debemos tener en claro por lo menos cuatro realidades muy específicas:

1) Hay una gran necesidad de consuelo a nuestro alrededor.

2) Como iglesia, hemos sido con frecuencia muy ineficaces en nuestros consuelos.

3) Dios es el gran Consolador.

4) Somos llamados a ser conductores de Su consuelo en esta tierra.

Ahora que estamos entrando en el terreno de la tercera parte, debemos hacerlo con el equipo apropiado. Necesitamos los *lentes* del evangelio para tener bien ajustada la visión celestial que nos permita comprender nuestra meta y saber hacia dónde nos dirigimos (a conocer e imitar el corazón compasivo de Jesús). Sin embargo, también necesitamos tener bien puesto el *calzado* de la humildad, para reconocer que no podemos conducirnos en este terreno solos. Hay mucho más por hacer, mucho más por amar y servir, pero debemos de entender que, para hacerlo, somos dependientes y limitados.

Primeramente, necesitamos la ayuda de Dios para ser mejores consoladores, pues, como vimos, Él es el Consolador por excelencia. No podremos hacerlo sin Él. También debemos reconocer humildemente que necesitamos la ayuda de otras personas; tanto la de otros consoladores que, junto con nosotros, buscan reflejar al gran Consolador, como también la ayuda del sufriente mismo al que buscamos consolar. He entendido que, por más buenas intenciones que tengamos, la realidad es que no estaremos libres de cometer errores. Nos daremos cuenta de que lo que pensábamos que necesitaba un sufriente era lo opuesto a lo que le ofrecimos. Por ello, debemos aprender a pasar tiempo con los que lloran y ser humildes para escucharlos y conocerlos. Cada vez estoy más convencida de lo eficaz que es simplemente preguntar al que llora cómo puedo amarlo y servirlo mejor.

> *Cada vez estoy más convencida de lo eficaz que es simplemente preguntar al que llora cómo puedo amarlo y servirlo mejor.*

Se ha dicho que cada individuo es un universo, en el sentido de la gran diversidad que caracteriza a cada persona. El sufriente que está en medio del dolor necesitará algunas veces tiempo a solas, y otras veces, necesitará compañía. El que sufre puede necesitar nuestra fe para recordarle la Palabra, y otras veces puede necesitar nuestra fe para estar a su lado en silencio esperando en Dios. Puede ser que el que llora necesite con urgencia nuestro abrazo, y en otros casos, un abrazo podría ser algo indeseado por algún evento traumático del pasado, por lo que serán necesarios nuestra paciencia, entendimiento y ternura. El hecho de que seamos tan complejos hace que el ministerio de consolación también sea complicado, pero no pierdas de vista que hay belleza en la complejidad y que esta no imposibilita el consuelo.

El ministerio de consolación cultiva humildad en nosotros, pues nos posiciona en un lugar en donde somos muy conscientes de nuestra dependencia de Dios y los demás. Puede producir cierta incomodidad, pero vale la pena, pues el ropaje de humildad con el que Dios nos va vistiendo es parte de la belleza misma que porta Cristo.

Por último, es importante que entendamos que esta sección no pretende ser un «manual» para llorar con los que lloran. Aquí no encontrarás una lista numerada de pasos a seguir para consolar al sufriente. Lo que sí encontrarás son principios bíblicos por los cuales podrás regirte a la hora de llorar con los que lloran. La aplicación de estos principios requerirá que continúes dependiendo de Dios y pidiendo de Su sabiduría y gracia diarias para conducirte en este mundo dolorido.

¡Alabo a Dios por Su sabiduría y bondad,
pues por medio del ministerio de consolación,
Él continúa santificándonos a la imagen de Cristo!

JESÚS LLORÓ:
AFECTOS DIVINOS

Jesús lloró.
(Juan 11:35)

Desde pequeña, evitaba llorar a toda costa. Sigo sin saber si no quería que otros vieran mi vulnerabilidad, si era vergüenza u orgullo, no lo sé. Lo que sé es que era bastante terca al momento de esconder mis lágrimas. Todavía recuerdo una ocasión en que me acerqué a la señorita que vendía sopas instantáneas en la escuela para comprar una. Apenas alcanzaban a asomarse mis ojos por encima del mostrador y, cuando extendí mi mano para recibir mi comida, la señorita me la entregó de una manera muy brusca, por lo que terminó quemando mi mano con agua caliente. Recuerdo esforzarme mucho por no hacer ninguna expresión que mostrara mi dolor. Me volteé en silencio, le pedí a la niña que estaba a mi lado si podía cuidar mi sopa y luego caminé al baño para derramar secretamente una lagrimita. Cuando me repuse emocionalmente fui a la enfermería para que me atendieran. La enfermera estaba asombrada por mi reacción, pues mis quemaduras resultaron ser de segundo grado. Para esa misma tarde, tenía una gran ampolla llena de líquido en mi mano, pero me encontraba contenta porque pude mantener mis ojos bien secos frente a mis maestros y mis padres.

Es muy probable que las lágrimas representaran debilidad y vergüenza para mí. No quería ser una carga para nadie ni causar lástima. Pero desde que conocí a Jesús, he aprendido a apreciar mis lágrimas y también las de los demás. Ahora entiendo que, cuando derramamos lágrimas, ponemos en evidencia que gozamos de corazones con capacidades asombrosas que Dios nos entregó, tales como compasión, felicidad, tristeza, sensibilidad y amor. Parece ser que mientras más camino con Cristo, más lágrimas derramo. A decir verdad, no me sorprende, pues desde que Dios regenera nuestro corazón, lo cambia de piedra a carne y lo va transformando más y más como el corazón de Jesús.

⟫⟫ LAS LÁGRIMAS DE JESÚS ⟪⟪

Jesús no temió derramar lágrimas frente a nosotros. No se avergonzó ni se escondió para hacerlo; todo lo contrario, generosamente, nos mostró el rostro de Dios llorando y así pudimos ver Su asombroso corazón. Nuestro Dios llora y nos ha llamado a aprender de Él a llorar con los que lloran.

Tres veces nos muestra la Biblia a Jesús llorando (Luc. 19:41; Juan 11:35; Heb. 5:7-9). Las tres ocasiones muestran mucho más que simple sentimentalismo al darnos a conocer que verdaderamente Él fue «varón de dolores, experimentado en quebranto» (Isa. 53:3, RVR1960). Miremos a fondo una ocasión cuando nuestro Señor derramó lágrimas:

Al llegar María a donde estaba Jesús, cuando lo vio, se arrojó a Sus pies, diciendo: «Señor, si hubieras estado aquí, mi hermano no habría muerto». Y cuando Jesús la vio llorando, y a los judíos que vinieron con ella llorando también, se conmovió profundamente en el espíritu, y se entristeció. «¿Dónde lo pusieron?», preguntó Jesús. «Señor, ven y ve», le dijeron.

Jesús lloró. Por eso los judíos decían: «Miren, cómo lo amaba». Pero algunos de ellos dijeron: «¿No podía Este, que abrió los ojos del ciego, haber evitado también que Lázaro muriera?» (Juan 11:32-37).

Poco antes, vimos a María y Marta muy angustiadas porque su hermano Lázaro se había enfermado gravemente. Las hermanas enviaron a alguien para informar a Jesús de su enfermedad. Le dijeron: «Señor, el que Tú amas está enfermo» (Juan 11:3), pero Jesús decidió quedarse dos días más donde estaba. Lázaro falleció poco después y fue sepultado. Entonces, Jesús fue a Betania. Marta salió a recibirlo y le expresó todo el dolor que sentía por la muerte de su hermano. Cuando Jesús vio el sufrimiento de Marta y María, así como el de la multitud que los rodeaba, se conmovió profundamente y lloró.

Sorprende la decisión de Jesús de quedarse donde estaba a pesar de la noticia de la grave enfermedad de Lázaro. ¿Acaso fue insensible ante la situación? Por supuesto que no. Al recibir la noticia de la condición de Lázaro, Jesús dijo: «esta enfermedad no es para muerte, sino para la gloria de Dios, para que el hijo de Dios sea glorificado por medio de ella» (Juan 11:4).

Jesús se quedó donde estaba porque Lázaro debía morir, ya que había propósitos redentores en su partida. Sabemos que Lázaro murió, pero Jesús siempre supo que lo resucitaría, y eso sería un gran testimonio del poder de Cristo para dar vida eterna a los que estábamos muertos en nuestros delitos y pecados (Ef. 2:5). Es en este contexto que Jesús derramó lágrimas. Al comprender que desde el principio Jesús conocía el final de la historia, me sorprenden todavía más Sus lágrimas. A pesar de Su conocimiento y poder, se compadeció y conmovió profundamente.

Jesús no avanzó fríamente a cumplir con Sus propósitos; decidió hacer una pausa para ver y sentir. Hacerlo fue doloroso para Él; lo que vio no fue bonito ni agradable. Observó la realidad dramática y dolorosa del efecto de la caída en personas que amaba profundamente. Observó a personas quebrantadas y dolidas que eran víctimas de dos terribles gigantes: el pecado y la muerte. Esta realidad oscura y lúgubre lo conmovió hasta las entrañas. Habría sido más fácil dejar que el conocimiento de que Lázaro resucitaría, y Su poder para hacerlo, dejaran intacto Su corazón. Pero no fue así; Él permitió que Su corazón se rasgara en amor y derramara lágrimas por los afligidos que estaban frente a Él. Las lágrimas de Jesús hicieron que los judíos dijeran: «Miren, cómo lo amaba» (Juan 11:36).

Ellos comprendieron que el amor de Jesús por Lázaro se hizo evidente por medio de Sus lágrimas. Estas revelaron Su corazón y afectos hacia los dolientes. Por otro lado, están los que vieron las lágrimas de Jesús y se preguntaron: «¿No podía este, que abrió los ojos del ciego, haber evitado también que Lázaro muriera?» (Juan 11:37). Ellos no entendieron que Su poder no incapacita Su compasión. Jesús iba a resucitarlo, pero sin prescindir del afecto sincero hacia Lázaro y a los que lloraban por él.

> *Su poder no incapacita Su compasión.*

Dios nos creó con Su misma capacidad de experimentar emociones. El pecado lamentablemente ha averiado nuestra capacidad para compadecernos, pero en Cristo hay esperanza. El amor de Dios y Su Espíritu nos capacitan para volver a conectar nuestros sentimientos con los de Dios. Esa es la razón por la que la iglesia debería ser la comunidad más compasiva de la tierra.

⫸ LA SILLA DE LA COMPASIÓN ⫷

Mi querida amiga Gaby perdió a su abuelita hace un tiempo. Su familia era muy cercana a ella y esta pérdida les rompió el corazón. Tuve la oportunidad de hablar con la mamá de Gaby y me comentó que se sentía muy triste. Abrió su corazón y me contó que los «consuelos» de algunos cristianos la estaban lastimando. Si mostraba sus lágrimas en público, le pedían que ya no llorara, que su mamá estaba en un mejor lugar, que la abuelita ya estaba gozando de Aquel que tanto amó y sirvió en su vida. Ella me decía con lágrimas en sus ojos: «Karen, yo lo sé. No me preocupo por mi mamá, sé en dónde y cómo está, pero ¿qué hay de mí? Yo soy la que no está bien, soy la que la extraña y no sabe vivir sin ella. Su partida me duele».

Sus palabras me dejaron pensando durante meses en lo fácil que es cauterizar nuestro corazón ante el dolor de los demás.

Lo que estos hermanos dijeron era verdad. Tenemos la convicción y la esperanza de que los que mueren en Cristo, vivirán eternamente con Él. Es verdad que, en Cristo, morir es ganancia (Fil. 1:21). Sin embargo, debemos cuidar nuestro corazón para que este conocimiento no nos insensibilice ante el dolor presente del que sufrió la pérdida. La realidad es que, para los que nos quedamos aquí, la muerte de alguien que amamos es irreparable y causa profunda tristeza. Considera cómo Jesús, siendo el Verbo encarnado, la Palabra misma, no dejó que Su verdad endureciera Su corazón ante las emociones, situaciones y lágrimas de los sufrientes. El llamado para los cristianos es a ser como Cristo. Al darme cuenta de lo rápido que puede ser mi corazón para acudir a la verdad antes de reconocer el dolor, he procurado no permitir sentarme en la silla del conocimiento sin antes sentarme en la silla de la compasión. Te invito a hacer de esta actitud evidente en Jesús un principio en tu vida.

Tampoco debemos apresurarnos a acudir a nuestro poder para cambiar situaciones y ofrecer soluciones sin antes haber percibido el dolor y derramar lágrimas con el que sufre. Es bueno que nuestros recursos estén disponibles para ayudar a las personas; sin duda, debemos hacerlo porque el Señor así lo ordena. Sin embargo, no permitas que el poder que tienes en tus manos te impida experimentar el dolor del prójimo y acompañar a otros en sus lamentos. Nunca olvides que tu compasión puede producir en el sufriente lo que no puede lograr ningún otro recurso. Sin duda, tu dinero, tu influencia y conocimiento pueden cambiar la situación desesperada de muchos necesitados (si tenemos los medios para ello, por favor, hagámoslo), pero tu compasión puede tocar y sanar el corazón al convertirte en un canal por el cual los necesitados pueden ver el corazón del Dios que llora ante sus dolores.

Jesús nos invita a convivir con el sufrimiento de las preciosas ovejas que no tienen quien las consuele. Nos invita a reconocer, sentir y apropiarnos del sufrimiento del prójimo. Somos llamados a que nuestras almas sean conmovidas por su dolor, y también llamados a que nuestro corazón llore como si fuéramos nosotros mismos los que experimentamos la aflicción. Este es el ejemplo que nos dejó Cristo.

Cuando alguien sufra cerca de ti, pon en pausa tus palabras y acciones, detente y conéctate con los sentimientos del que sufre. No permitas que el conocimiento o el poder cauticen tu corazón. Acércate al que llora y míralo de verdad. Contempla su dolor, date la oportunidad de involucrarte al punto de ponerte en su lugar en ese momento, y al descubrir su dolor en tu corazón, llora con él.

⋙ SOBRE LAS LÁGRIMAS ⋘

Cuando la Biblia dice que lloremos con los que lloran, no se refiere a que derramemos lágrimas de lástima o condescendencia. Jesús no lloró por lástima, por culparse al «no haber llegado a tiempo» o por frustración que le produjo el reproche de Marta. Jesús no siente lástima de los hombres como nosotros —desde una posición de superioridad o indiferencia—; más bien, se compadece. Durante Su tiempo en la tierra, siempre estuvo en el centro de la voluntad de Dios y demostró constantemente una tierna paciencia ante la debilidad humana. Sus lágrimas fueron de amor, un recordatorio de Su profundo afecto y preocupación por nosotros. Le importamos más de lo que imaginamos. Él ama y considera valiosa cada vida. Sus lágrimas demuestran Su dolor frente a nuestro sufrimiento y Su deseo de consolarnos.

> *Sus lágrimas demuestran Su dolor frente a nuestro sufrimiento y Su deseo de consolarnos.*

Si eres una persona que difícilmente llora o que padece del raro síndrome de Sjögren (el cual seca los ojos a tal grado de imposibilitar las lágrimas), quiero decirte que llorar con los que lloran no tiene que ver tanto sobre si hay o no lágrimas en tus ojos, sino sobre lo que hay en tu corazón cuando ves a alguien que llora. Algunos teólogos explican que, cuando Juan dice que Jesús «se conmovió profundamente en el espíritu, y se entristeció» (Juan 11:33), la palabra en griego que fue traducida *conmovió* significa «indignación» o «enojo». Algo sucedió en el funeral de Lázaro que no solamente hizo que Jesús se compadeciera, sino también que se indignara.

En una ocasión, mi esposo David predicó a la iglesia sobre el contexto judío de los funerales. Me sorprendió mucho aprender que en el tiempo de Jesús era bastante común contratar por lo menos a una plañidera profesional; es decir, una mujer a quien se le pagaba por ir a llorar al funeral. Su tarea era llorar y lamentarse por el difunto para generar un ambiente de duelo que provocara lágrimas entre los deudos. Me parece increíble cómo las lágrimas, que son tan reales e íntimas, se convirtieran en un símbolo de ostentación, pues entre más plañideras se contrataban, se entendía que el difunto era más respetado en la sociedad. Las personas iban a los funerales y, en vez de que las lágrimas anunciaran cuán amado había sido el difunto y el profundo afecto de su familia, anunciaban cuánta riqueza y poder tenía. Solamente los ricos podían contratar plañideras profesionales, mientras que los pobres eran tenidos en poco al haber menos lágrimas en sus funerales. No me sorprendería que algún día nos sea revelado que, aunque había más lágrimas en los funerales de los ricos, había más corazones sinceros en los funerales de los pobres.

Es bastante probable que por lo menos hubiera una plañidera en el funeral de Lázaro y quizás sea este acto de «duelo profesional» lo que indignara a Jesús. Las plañideras vendían sus lágrimas y lloraban por los que ni conocían ni amaban. Derramaban lágrimas por dinero, y no por compasión. Sus lágrimas eran motivadas por las monedas que recibirían y no por el dolor palpable ante la pérdida. Había lágrimas en sus rostros, mientras que sus corazones estaban intactos. Estas lágrimas eran muy diferentes a las que Jesús derramó y a las que Él quiere que derramemos.

El llamado de Jesús a llorar con los que lloran es un llamado a estar dispuestos a que nuestro corazón sea rasgado por el dolor de los sufrientes. Llorar no por ganancias propias, manipulación, lástima o frustración, sino por amor. Jesús lloró, no por dinero, sino por amor. Debemos comprender que el Padre no alquiló a Jesús como un plañidero celestial para que derramara lágrimas falsas ante el dolor de los terrestres con la promesa de recibir una paga de honra y gloria. Cristo no vendió Sus lágrimas. Él genuinamente se duele en cada uno de nuestros dolores, tanto que estuvo dispuesto a perder Su vida para un día librarnos para siempre de ellos.

«Jesús lloró» es sin duda una de las más grandes evidencias en la Biblia de Su afecto por nosotros. También nuestras lágrimas sinceras pueden ser una de las evidencias más grandes de nuestro amor y del amor de Dios para los sufrientes cerca de nosotros.

Ama.
Ama mucho.
Ama hasta las lágrimas.
Ama con un corazón vulnerable,
dispuesto a ser desgarrado por las lágrimas ajenas.

CONSUELO EN ACCIÓN

1. Pídele al Señor que te conceda un corazón dispuesto a escuchar y morir a sí mismo para llorar con los que lloran.

2. Piensa específicamente en un sufriente cerca de ti. ¿Cuál es la situación adversa por la que está pasando?

3. Si puede salir, invítalo a un lugar donde puedan conversar. Si no puede, pregúntale si podrías visitarlo. Haz esto con la intención de escuchar y entender tanto su situación como su corazón en medio de su circunstancia. Haz un esfuerzo por silenciar tus palabras y aun tu mente de todos sus prejuicios y soluciones inmediatistas, para brindarle toda la atención al sufriente.

4. Siéntate en la silla de la compasión. ¿Por qué crees que le aflige esta situación al que sufre? ¿Qué crees que está sintiendo? ¿Cómo será ser él en ese momento?

5. Haz preguntas para lograr comprender con mayor profundidad sus lágrimas y para saber cómo puedes servirlo y amarlo mejor en su situación. ¿Cómo puedes amarlo interesándote primero por su corazón antes que en buscar arreglar su situación?

6. Comprométete a presentar delante de él un corazón vulnerable dispuesto a llorar y servir.

JESÚS CUIDÓ DEL CUERPO: CUIDADO DIVINO

Cuando Jesús desembarcó, vio una gran multitud,
y tuvo compasión de ellos y sanó a sus enfermos.
Al atardecer se acercaron los discípulos, diciendo:
«El lugar está desierto y la hora ya es avanzada;
despide, pues, a las multitudes para que vayan a las aldeas
y se compren alimentos». Pero Jesús les dijo:
«No hay necesidad de que se vayan; denles ustedes de comer».
(Mat. 14:14-16)

A Jesús le importa nuestro cuerpo. Quizás te sorprenda lo que acabo de decir. Muchos nos hemos sentido en algún momento insatisfechos con el cuerpo que Dios nos ha dado. Si eres un deportista (o como yo, que por lo menos te gustaría serlo) puede ser que te frustren las limitaciones que tiene tu cuerpo. Nuestro descontento con nuestro cuerpo podría explicar por qué hay muchas creencias religiosas y no religiosas que degradan el cuerpo humano al punto de considerarlo algo pecaminoso, vergonzoso y hasta inútil. Pero no es así en el cristianismo. Nuestro cuerpo es importante para Cristo.

Sam Alberry lo expresa de forma tan hermosa que quisiera citarlo extensamente:

La encarnación de Jesús es el mayor cumplido que se le ha hecho al cuerpo humano. Dios no solo pensó en nuestros cuerpos y disfrutó al crear varios miles de millones de ellos, sino que también hizo uno para sí mismo. Y no solo para la temporada de Navidad. El cuerpo de Jesús no era como mi suéter navideño, poco más que una simple novedad festiva. No. Su cuerpo era para toda la vida, y para mucho más que eso. Después de Su muerte fue resucitado corporalmente. Después de Su resurrección regresó a Su Padre en el cielo, también en Su cuerpo. Cuando ascendió al cielo no abandonó Su humanidad como un transbordador espacial abandona sus cohetes impulsores. Convertirse en humano en Navidad no estaba destinado a ser reversible. Era permanente. Ahora hay un cuerpo humano sentado a la derecha de Dios Padre en el centro mismo del cielo. Los cuerpos importan. Jesús no podía convertirse en una persona humana real sin uno. Y tampoco podemos esperar disfrutar de una vida auténtica sin uno. Que Su cuerpo sea importante es una prueba de que el mío y el tuyo también lo son. Se convirtió en lo que valoraba lo suficiente como para redimirlo.[1]

A Jesús le importa el cuerpo. Tanto le importa que hizo de nuestros cuerpos la morada de Su Espíritu (1 Cor. 6:19). Es tan importante para Él que describe a la Iglesia como Su cuerpo, en donde somos miembros los unos de los otros (1 Cor. 12:12-27). Valora nuestros cuerpos hasta el punto de que promete a los de la fe en Él un cuerpo nuevo y eterno en gloria (1 Cor. 15:42-58; Fil. 3:21). Es imposible que encontremos en la Palabra de Dios alguna evidencia de que Cristo menospreciara el cuerpo; todo lo contrario.

> *Es imposible que encontremos en la Palabra de Dios alguna evidencia de que Cristo menospreciara el cuerpo; todo lo contrario.*

[1.] Sam Alberry, *Lo que Dios dice sobre nuestros cuerpos* (Nashville, TN: B&H Publishing Group, 2022), p. 19.

No me canso de recalcar que Jesús demostró una y otra vez lo importantes que son para Él nuestros cuerpos. Considera cómo, a pesar de que la misión primaria de Cristo era la salvación eterna, se detuvo constantemente a atender el cuerpo de los vulnerables. Jesús visitó a los enfermos para sanarlos, multiplicó panes y peces para alimentar a los hambrientos y levantó cuerpos muertos a la vida. Él agotó Su propio cuerpo para servir a los nuestros. Es más que evidente, ¿cierto? A Jesús le importa el cuerpo, por lo que también debe importarnos a nosotros.

Siempre me ha fascinado el comportamiento humano en relación con nuestra vida física. Me parecen muy interesantes los patrones de conducta y las reacciones tan similares que tenemos a pesar de nuestras diferencias nacionales y culturales. ¿Has notado cómo, sin importar nuestro contexto, la comida casi siempre está presente en fiestas y celebraciones? Es como si fuera un elemento esencial en el cual hay alegría. ¿Has notado cómo, sin importar nuestro contexto, la tristeza y la tragedia casi siempre están relacionadas con el ayuno?

Alimentar el cuerpo puede parecer fuera de lugar cuando hay una tristeza profunda. Puede ser tan grande el dolor que simplemente olvidamos que debemos comer (Sal. 102:4). También es común perder el sueño (Sal. 102:7) y el ánimo para continuar aun con las tareas más pequeñas y con los hábitos rutinarios. Cuando el corazón se duele, es común que lo primero que descuidemos sea el cuerpo. Por lo tanto, lo que deberíamos hacer como consoladores compasivos es prestar atención al cuidado del cuerpo del que llora.

Cuando la aflicción de una persona no proviene de un problema de salud corporal, es bastante posible que nos enfoquemos en su alma y nos olvidemos de su cuerpo. ¡Esto es un grave error! Algo que he entendido es que el ser humano es un ser integral y, por ende, no debemos separar el cuerpo del alma, porque todo está conectado. Por ejemplo, por un lado, el cuidado del alma afecta positivamente al cuerpo:

El corazón gozoso alegra el rostro... (Prov. 15:13a).

Por otro lado, el cuidado del cuerpo afecta positivamente nuestra alma:

Él hace brotar la hierba para el ganado,
Y las plantas para el servicio del hombre,
Para que él saque alimento de la tierra,
Y vino que alegra el corazón del hombre,
Para que haga brillar con aceite su rostro,
Y alimento que fortalece el corazón del hombre (Sal. 104:14-15).

Somos seres integrales, por lo cual, cuando una persona está triste y descuida su cuerpo, su salud física, emocional y espiritual decaen, haciendo que sea más difícil encontrar consuelo y descanso. Una manera muy práctica y eficaz de servir a los que lloran es ayudándolos a cuidar su cuerpo en lo que llamo la «tríada esencial»:

Es verdad que además del alimento, el descanso y el aseo, hay otras cosas importantes que no se pueden descuidar para lograr el bienestar del cuerpo, como, por ejemplo, el ejercicio regular. Pero creo que si empezamos con estos tres primeros aspectos esenciales, poco a poco podremos avanzar hasta alcanzar un cuidado ideal de nuestro cuerpo. La tríada esencial está conformada por lo que considero más básico para la salud y la dignidad corporal humana. Pero no te dejes engañar; por más básico y sencillo que parezca, esto tiene un impacto incalculable en el vigor del que sufre.

Hay un sinfín de estudios que hablan del beneficio del descanso regular, la buena alimentación y la higiene personal rutinaria. Puedes encontrar miles de artículos en Internet que hablan de estos tres temas. Por motivos de espacio, veamos solo algunos ejemplos de comentarios médicos sobre el beneficio integral del descanso:

«El dormir mantiene todos los aspectos del cuerpo de una forma u otra: el equilibrio energético y molecular, así como también la función intelectual, el estado de alerta y el humor. Cuando uno está cansado, no tiene el mejor rendimiento posible. El dormir ayuda a pensar con más claridad, a tener mejores reflejos y a concentrarse mejor [...]. La pérdida de sueño daña los niveles superiores de razonamiento, resolución de problemas y atención a los detalles», explica el Dr. Merrill Mitler, experto en sueño y neurocientífico del NIH. «El descanso afecta a casi todos los tejidos de nuestro cuerpo», dice el Dr. Michael Twery, un experto del NIH en el sueño. «Afecta las hormonas de crecimiento y del estrés, nuestro sistema inmunitario, el apetito, la respiración, la presión arterial y la salud cardiovascular».[2]

La alimentación, el descanso habitual y la higiene correcta animan al corazón desfallecido. Los ayudan a estar lúcidos para razonar, a estar menos irritables y más enteros para así soportar mejor el sufrimiento tanto de forma física, emocional y también espiritual. En la medida de lo posible, el fortalecimiento y el cuidado del cuerpo pueden ayudar al fortalecimiento del alma. Esto permitirá hacer más

---

[2.] National Institutes of Health (abril de 2013), *Los beneficios de dormir*. https:// salud.nih.gov/recursos-de-salud/nih-noticias-de-salud/los-beneficios-de-dormir

llevadero el lamento del que sufre y le facilitará su camino hacia el consuelo necesario.

Sin duda, mi mamá es la mujer con el corazón más solícito que conozco. Ella nos ha dado un gran ejemplo con respecto al amor y el cuidado del prójimo. Cuando era niña, recuerdo observarla renunciando a su comodidad con tal de ayudar al que tuviera enfrente. No exagero al decir que ha ayudado a más personas de las que podría contar, pero estoy segura de que Dios tiene cada uno de sus actos de compasión registrados en Su libro. Han pasado los años y sigue siendo la misma mujer tenaz que no duda en acudir a los lugares más complicados para alcanzar a las personas más necesitadas, y todo con el corazón más dispuesto. A pesar de la constante inquietud de mi familia por su seguridad, pareciera que Dios cada vez le da más fuerzas y oportunidades para servir a los que lloran. Él la tiene en Su mano, y la impulsa a servir a los demás a través de Su amor. Anhelo ser más como ella.

Recuerdo una ocasión en la que mi mamá se enteró de la condición grave de una mujer que estaba en un estado de depresión muy profundo. No podía levantarse de la cama y casi no comía. Prácticamente, se estaba dejando morir. Que la mujer no pudiera participar de la iglesia no hizo que mi mamá desistiera de verla. Ella fue hasta su cama, a pesar de ser una extraña para esa mujer, y dedicó mucho de su tiempo para acompañarla, escucharla, compartirle a Cristo y atender la tríada esencial en ella hasta que le fue posible levantarse de su cama. No solo eso sino que, por la gracia de Dios, la mujer llegó a los pies de Cristo y su vida fue restaurada.

Esta mujer venía de sufrir abusos físicos y había desarrollado algunas adicciones que la habían dejado sin esperanza alguna, pero el cuidado tierno, integral y persistente de mi madre la ayudó a ver el tierno e imparable amor de Dios hacia ella, que la consoló y generó en ella el deseo de vivir nuevamente.

En otra ocasión, Mayela, una amiga muy cercana al corazón de mi madre, fue sometida a una cirugía que requería de una recuperación lenta y dolorosa. No podía comer ni asearse sola, no podía conciliar el sueño. Mi mamá no dudó en ir en su ayuda. Se puso de acuerdo con mi papá y se quedó unos días con ella para cuidarla día y noche. Se convirtió en su enfermera; le limpiaba las heridas, le daba de comer, la ayudaba a caminar y hasta la bañaba. Mayela pudo haber contratado a una especialista a tiempo completo, pero fue en el contexto de amistad y amor de donde surgió el cuidado de su cuerpo. Es un inmenso privilegio que alguien que no nos conoce deje su comodidad para cuidarnos, pero es mucho mejor que alguien que conoce y ama nuestra alma se tome el tiempo para cuidar de nuestro cuerpo en su debilidad.

Mi madre también cuidó de mi cuerpo durante los dolores de mi corazón ante la noticia de que los tratamientos de fertilidad habían fallado una vez más. No me dio sermones ni falsas esperanzas, sino que me invitó a acostarme junto a ella en su cama, me tapó con una cobija y me trajo comida. Misteriosamente, una cobija, un plato de comida y su compañía consolaron mi corazón más que miles de palabras. El amor, el descanso y el alimento renovaron mis ánimos en el Señor. Mi cuerpo fue atendido y mi alma recibió el beneficio. Estamos llamados a esta clase de amor paciente y servicial.

Mientras conversábamos sobre el consuelo con Anke, ella dijo algo que retumbó fuertemente en mi mente. Me dijo algo así:

Sabes, ante la muerte de mis padres, muchas personas se acercaron a mis hermanos y a mí con muchas palabras. Aunque estoy agradecida por el aliento que muchas de esas palabras nos dieron en ese momento, hoy, por más que intento, no puedo recordar ninguna. Pero algo que sí recuerdo y que jamás olvidaré son los actos de cuidado hacia nosotros. No recuerdo las palabras que me dijeron, pero recuerdo el huevito con jamón que Gaby me llevó para asegurarse de que desayunara, junto con el arsenal de desechables para que no me tuviera que preocupar por lavar platos. Recuerdo los muchos recipientes de comida que nos enviaron familiares y amigos, la presencia de David en nuestro negocio para enseñarnos las bases de cómo manejar la empresa que era de mis padres y los regalos que Aurora nos trajo a cada uno.

No menospreciemos el impacto que «un huevito» puede tener en el corazón del que llora. Cuidar de un enfermo, cocinar para un viudo, lavar los platos de una mujer que perdió a su bebé, recostarse junto a una persona que no puede conciliar el sueño, limpiar las heridas de alguien que sufrió un accidente, alimentar al pobre, cubrir al desnudo, bañar a un discapacitado, visitar al encarcelado, abrazar al doliente, sostener al anciano, limpiar las lágrimas del que llora... pueden ser los medios por los cuales rodeemos al sufriente como si fueran los mismos brazos de Dios.

Quiero recordarte que no es necesario tener abundancia para poder cuidar del cuerpo del que llora, porque un corazón dispuesto y los recursos que Dios te ha dado son más que suficientes. Tal como Jesús multiplicó los panes y los peces de los discípulos para alimentar a la multitud (Mat. 14:14-16), sigue proveyendo los medios suficientes para que atiendas a los que Él ha dispuesto que sirvas. Quisiera animarte a que no retengas tu generosidad de hoy por temor al mañana. Si el día de hoy tienes lo necesario para alimentar a tu prójimo hambriento o para calentar a tu prójimo del frío, hazlo. No te preocupes por tu mañana; confía en que Dios ha prometido suplir fielmente tu sustento diario y, así como el Señor lo hace contigo, también puedes mostrar la misma gracia a otros.

Por tanto, no se preocupen, diciendo: «¿Qué comeremos?» o «¿qué beberemos?» o «¿con qué nos vestiremos?».Porque los gentiles buscan ansiosamente todas estas cosas; que el Padre celestial sabe que ustedes necesitan todas estas cosas. Pero busquen primero Su reino y Su justicia, y todas estas cosas les serán añadidas. Por tanto, no se preocupen por el día de mañana; porque el día de mañana se cuidará de sí mismo. Bástenle a cada día sus propios problemas (Mat. 6:31-34).

Si un hermano o una hermana no tienen ropa y carecen del sustento diario, y uno de ustedes les dice: «Vayan en paz, caliéntense y sáciense», pero no les dan lo necesario para su cuerpo, ¿de qué sirve? (Sant. 2:15-16).

Cada uno de nuestros actos hacia nuestro prójimo evidencia una profunda realidad espiritual. El libro de Santiago nos enseña que nuestra espiritualidad no se evalúa a través de nuestras palabras ni de nuestro conocimiento teológico, sino a través de nuestras obras. Si nuestras palabras están saturadas de ternura y buenos deseos, pero nuestras manos están vacías, solo se hace evidente la falta de compasión en nuestro corazón, y esto deshonra a Dios. De nada sirven palabras hermosas sin el cuidado necesario. Por otro lado, el cuidado físico hacia nuestro prójimo evidencia la presencia del amor de Dios en nuestra vida y trae gran gloria a Dios. Estos actos serán recordados perpetuamente por nuestro Dios compasivo como si se los hubiéramos hecho a Él mismo.

Entonces el Rey dirá a los de Su derecha: «Vengan, benditos de Mi Padre, hereden el reino preparado para ustedes desde la fundación del mundo. Porque tuve hambre, y ustedes me dieron de comer; tuve sed, y me dieron de beber; fui extranjero, y me recibieron; estaba desnudo, y me vistieron; enfermo, y me visitaron; en la cárcel, y vinieron a Mí». Entonces los justos le responderán, diciendo: «Señor, ¿cuándo te vimos hambriento y te dimos de comer, o sediento y te dimos de beber? ¿Y cuándo te vimos como extranjero y te recibimos, o desnudo y te vestimos? ¿Cuándo te vimos enfermo o en la cárcel y vinimos a Ti?». El Rey les responderá: «En verdad les digo que en cuanto lo hicieron a uno de estos hermanos Míos, aun a los más pequeños, a Mí lo hicieron» (Mat. 25:34-40).

Debemos llorar con los que lloran. Debemos procurar sentarnos en la silla de la compasión y permitir que nuestro corazón sea afectado por el dolor ajeno. Pero el paso siguiente es la acción, porque nuestra compasión será autenticada por medio de nuestras obras. Sentir el dolor de otros es incómodo, pero es mucho más fácil que comprometernos a salir de nuestra comodidad para brindar de nuestros recursos y servicio al que llora. Debo advertirte que serás tentado a desviar la mirada ante la necesidad, porque no nos gusta interrumpir nuestra preciosa agenda para atender al vulnerable. No será cómodo servir al cuerpo de tu prójimo, asegurándote de que, por lo menos, la tríada esencial esté cubierta. Algunos sufrientes están en una condición deplorable; no será agradable visitarlos y mucho menos ayudarlos a asearse, alimentarlos y cuidar su descanso.

Sin embargo, eso es justamente lo que Jesucristo hizo por nosotros. No se conformó con enviar buenos deseos; Él obró con Su propio sacrificio nuestra salvación. Cristo limpió nuestra terrible condición de inmundicia (Ezeq. 36:25), cubrió nuestra desnudez con Su justicia (1 Cor. 6:11), nos dio a beber Su agua (Juan 4:14), y a comer Su pan (Juan 6:35). Nos dio un hogar cuando éramos errantes (Juan 14:2).

¡Cuán grande es el amor de Cristo!

Su amor nos controla, nos impulsa a no vivir más para nuestros deseos y nuestra comodidad, sino para Él.

Ama.
Ama mucho.
Ama hasta la acción.
Ama como Cristo, quien agotó Su propio cuerpo
para servir el cuerpo de los que lloran.

CONSUELO EN ACCIÓN

1. Pídele al Señor que te dé un corazón dispuesto a morir a sí mismo para cuidar del cuerpo de los que lloran. Ora por sabiduría para saber cómo servir a tu prójimo, y por fe para confiar en que Dios suplirá lo necesario que te haga falta.

2. Piensa específicamente en un sufriente cercano. ¿Es evidente alguna necesidad? ¿Tienes los recursos necesarios para suplirla? Si la respuesta es sí, no dudes en hacerlo.

3. Haz preguntas. Pregunta qué actividades rutinarias tiene esa persona y qué puedes hacer para aligerar su carga esta semana. Ten en cuenta que algunos sufrientes nunca van a acercarse a nosotros para pedirnos ayuda, por lo cual decirle: «Avísame si necesitas algo» puede no ser el acercamiento más sabio y compasivo. Toma la iniciativa y piensa que a todos nos beneficiaría no cocinar un par de días, no limpiar la casa una semana y no tener que preocuparnos por algunos pendientes rutinarios. Asegúrate de que la tríada esencial esté cubierta en su semana.

4. ¿Es grave la condición del que sufre? Si es así, es hora de una intervención mayor. Esto se verá diferente en cada caso, pero es probable que requiera de un involucramiento más insistente y, en algunos casos, será necesaria la ayuda profesional. Sin embargo, es verdad que a veces acudimos directamente a la ayuda profesional, cuando en realidad lo único que el sufriente necesitaba era una persona dispuesta a «ensuciarse» y amarlo de cerca.

Ante el dolor de Anke, Gaby y yo tuvimos que comprometernos a realizar una «imprudencia» amorosa. Anke la estaba pasando sumamente mal y no nos contestaba por ningún medio, por lo que optamos por ser un poco más invasivas con nuestra compañía para no dejarla hundirse en la tristeza. Ella da testimonio de que esa «imprudencia» amorosa fue un medio de gracia que Dios usó para su consuelo. Debemos conducirnos con mucha oración, paciencia y humildad, pero al hacerlo, no temas ser valiente y amorosamente insistente. Con la ayuda de Dios, el sufriente puede agradecerlo después.

JESÚS PROTEGIÓ AL VULNERABLE: JUSTICIA DIVINA

¡Defiendan a los pobres y a los huérfanos!
¡Hagan justicia a los afligidos y a los menesterosos!
¡Liberen a los afligidos y a los necesitados!
¡Pónganlos a salvo del poder de los impíos!
(Sal. 82:3-4, RVC)

¿Alguna vez te has preguntado qué diferencia a los seres humanos del resto de la creación? ¿Qué hace que la humanidad sea valorada por Dios por encima de los animales y las plantas? El primer capítulo de Génesis nos da la respuesta:

Y dijo Dios: «Hagamos al hombre a Nuestra imagen, conforme a Nuestra semejanza [...]». Dios creó al hombre a imagen Suya, a imagen de Dios lo creó; varón y hembra los creó (Gén. 1:26a-27).

Dios hizo a la mujer y al hombre a Su imagen y semejanza, y eso los hizo diferentes a todo el resto de la creación. Toda la creación tiene valor y belleza por el simple hecho de haber sido creada por Dios, pero la humanidad tiene un valor y belleza superiores por ser una creación con la característica exclusiva de portar la imagen de Dios.

Él nos creó de manera especial, nos bendijo inmensamente y nos dio poder y dominio por encima del resto de la creación. Su imagen en nosotros nos permite tener habilidades especiales, autoconciencia y capacidad de rendición de cuentas a nuestro Dios. Esas características se evidencian por medio de nuestro diseño y capacidad dados por Dios para dominar, administrar y edificar la creación. Dios nos permitió gozar de una capacidad maravillosa para diseñar, construir, mejorar, embellecer, trabajar y cultivar la creación.

Pero, debido al pecado, Su imagen se distorsionó en nosotros, y esto nos llevó a deformar todo ese poder y ahora utilizarlo en parte para destruir, abusar y asolar la creación que nos fue confiada. Es lamentable saber que el daño incluye el abuso y la destrucción entre la misma humanidad. Dios nos dio dominio sobre todos los animales, las plantas y la tierra, pero, debido al pecado, los humanos hemos buscado dominarnos y causarnos daño los unos a los otros.

La imagen de Dios en nosotros hace que todos los humanos tengamos el mismo valor delante de Él. Eso quiere decir que todos tenemos el derecho de ser tratados con dignidad y justicia intrínseca, más allá de quiénes o cómo seamos. Pero sabemos que en el mundo no se opera bajo ese principio. El pecado ha hecho que ignoremos la realidad de que todo ser humano porta la imagen de Dios, haciendo que los que tienen más poder o influencia usen su posición para oprimir a los más débiles. La injusticia se comete todos los días, especialmente contra los más vulnerables. Pero si la Palabra muestra algún celo de Dios en sus páginas, es el celo que tiene por los débiles de este mundo. Dios no está ajeno al clamor de los más pequeños. Aborrece la injusticia y llama «bienaventurados» a los que tienen hambre y sed de justicia, pues promete que llegará el día en el cual serán saciados (Mat. 5:6).

Muchas personas tienen problemas para hablar sobre el día cuando Dios hará justicia. Pero la Palabra nos muestra que, durante siglos, los creyentes han sido consolados con la esperanza de que, un día, Dios hará justicia. En ese día, no quedará impune ningún acto injusto, se declarará que Cristo ha pagado por ese pecado o la persona será condenada por sus obras, pero no habrá ninguna injusticia ignorada o pasada por alto por Dios. Aunque debemos anhelar que todo ser humano se arrepienta y reciba la misma gracia que nosotros recibimos para el perdón de sus pecados, podemos consolarnos en saber que llegará el día en donde aquellos que abusan de los vulnerables y rechazan a Cristo recibirán su merecido por Dios.

Mientras esperamos ese día, Dios no permanece impasible ni ha dejado sin consuelo o defensa al vulnerable. Él liberó a personas que eran esclavas del pecado para hacerlas siervas de la justicia, para que hagan obras de justicia en la tierra (Rom. 6:17-19). Si has depositado tu fe en Jesús, eres parte de la familia de Dios que ha sido capacitada para obrar conforme al carácter justo de Dios en la tierra.

Cuando hablamos de justicia, normalmente nos enfocamos en la justicia retributiva o punitiva. Es decir, cuando un malhechor paga las consecuencias de sus actos. Sin duda encontramos el tema de la justicia punitiva en la Biblia, pero Dios eleva la definición de la justicia a una posición mucho más elevada. La palabra hebrea para justicia es *mishpát*, la cual indica que la justicia tiene carácter restaurativo.[1] Para Dios, «la justicia no trata simplemente de castigar al malhechor, sino también de traer vida, plenitud y prosperidad a la creación».[2] Somos llamados a hacer justicia en favor del vulnerable, hacer de sus problemas los nuestros y actuar a favor de su defensa.

Abre tu boca por los mudos,
Por los derechos de todos los desdichados.
Abre tu boca, juzga con justicia,
Y defiende los derechos del afligido y del necesitado (Prov. 31:8-9).

Es importante que, cuando lloremos con los que lloran, prestemos mucha atención a la razón de sus lágrimas. Las lágrimas no son solo producto de la aflicción por la enfermedad o por pérdidas, sino que también hay algunas lágrimas que provienen de situaciones delicadas de abuso y opresión. Como iglesia, estamos llamados a consolar a esas

---

[1.] The Bible Project, *Justice: This is the Bible's Radical View.* https://www.youtube.com/watch?v=A14THPoc4-4
[2.] Bíblica, La Sociedad Bíblica Internacional, *Serie Justicia: Justicia y Shalom.* https://www.biblica.com/america-latina/articles/serie-justicia-justicia-y-shalom/

personas, pero también a defenderlas y protegerlas. Desgraciadamente, hay mucha confusión y hasta prejuicios con respecto a este tema. Hemos malinterpretado el corazón de Dios muchas veces, permitiendo pasivamente que el vulnerable continúe siendo tratado como objeto despreciado ante nuestros ojos y los de Dios.

Por ejemplo, le hemos dicho a la joven abusada sexualmente por su líder eclesiástico que calle y hasta que ore por él. Hemos exhortado a la esposa llena de cicatrices y moretones a que se someta a su esposo, pues «es la cruz que le ha tocado». Le hemos aconsejado al joven universitario que no puede dar su opinión ni tomar ninguna decisión por el control abusivo de sus padres, que los honre y se sujete a ellos. Hemos animado al empleado atemorizado por los insultos, gritos y maltratos de su jefe a que «ponga la otra mejilla» (ver Mat. 5:39). Debemos preguntarnos si estos consejos están alineados al corazón de Dios con respecto a la situación que vive el vulnerable.

JESÚS Y SU EJEMPLO PERFECTO DE BÚSQUEDA DE JUSTICIA

Como ya hemos visto, Cristo encarnado es la imagen perfecta de Dios. Él vino a mostrar el corazón del Padre a través de Su vida perfecta. En Su vida, podemos ver cómo Jesús protegió a otros cuando eran vulnerables.

Los líderes religiosos trajeron ante Jesús a una mujer sorprendida en adulterio para probarlo. Le preguntaron si debían apedrearla, indicando que Moisés había ordenado apedrear «a esta clase de mujeres» (Juan 8:5). Parece bastante curioso que los líderes religiosos presentaran una clase de amnesia grupal, ya que «olvidaron» que la ley ordenaba que tanto la mujer como el hombre que habían cometido adulterio debían ser apedreados (Deut. 22:22). Podría concluir que los fariseos no estaban interesados en la justicia, sino que estaban usando la ley para su propia conveniencia. Eran tan necios que habían pasado por alto el propósito de la ley, es decir, hacerles ver su propio pecado y necesidad de salvación, y poner en evidencia el corazón de Dios revelado en la ley, que muestra Su corazón compasivo y que ama la misericordia. Esta mujer estaba en un estado de vulnerabilidad, a la merced del poder abusivo de los fariseos. La respuesta de Jesús fue defenderla.

Jesús actuó sin ningún tipo de duda. Libró a esta mujer de las manos opresoras de líderes religiosos que estaban actuando con impunidad. Permitió que ella se fuera sin la condena de los fariseos ni la Suya. No perdamos de vista que la primera respuesta de Cristo ante su vulnerabilidad fue la búsqueda de su protección, no su santificación. Esto no quiere decir que a Cristo no le importara su moralidad; definitivamente, Él se interesa en nosotros de manera integral. Sin embargo, Jesús sabía que ese acto de gracia defensora y redentora continuaría obrando en ella todos los días de su vida, hasta que se presentara frente a Él en gloria, totalmente perfeccionada en Él.

Seguramente, la gracia de Cristo transformó a esta mujer. No sabemos más de ella, pero es posible que el perdón de Jesús, acompañado de Su llamado a no pecar más, haya hecho que ella diera de la gracia que había recibido, y que el Espíritu Santo continuara obrando en ella para que dejara su pecado y aprendiera a perdonar y a amar aun a sus enemigos.

> *No perdamos de vista que la primera respuesta de Cristo ante su vulnerabilidad fue la búsqueda de su protección, no su santificación.*

Podemos también reconocer que después de la ascensión de Cristo, Sus discípulos continuamos obrando en Su nombre, por medio de la autoridad total de Cristo (Mat. 28:18). Él nos dio poder para ser sus testigos, y es bajo ese poder que vemos a los discípulos obrar al inicio de la iglesia en el libro de Hechos. Uno de esos momentos es cuando, durante su primer viaje misionero, Pablo iba camino al lugar de oración y le «salió al encuentro una muchacha esclava que tenía espíritu de adivinación, la cual daba grandes ganancias a sus amos, adivinando» (Hech. 16:16). Esta muchacha estaba doblemente oprimida; primero, por un espíritu maligno y luego, por sus amos, quienes se aprovechaban de su condición para hacer dinero. Pablo dejó pasar la situación por un momento, pero luego no lo dudó, no se preocupó por los negocios de estos hombres, sino que no dejó que la situación miserable de esta jovencita continuara, por lo que ordenó al espíritu a salir de ella en el nombre de Jesús, liberándola de la esclavitud demoniaca y de la razón para el abuso de sus amos.

A través de estos dos ejemplos, podemos ver que la prioridad de Cristo hacia el vulnerable oprimido es su defensa. Debemos abrir nuestra boca a favor de los silenciados y defender al necesitado, tal como Cristo hizo mientras estuvo entre nosotros. Debemos hacerlo confiando en el poder del Espíritu Santo para ayudarnos a hacer frente a la injusticia y para santificar al creyente. Dios aborrece el pecado que se manifiesta como abuso hacia el vulnerable. Por lo tanto, no pensemos que hacemos algo bueno cuando aconsejamos al vulnerable a «resistir» los abusos que Dios mismo aborrece que se cometan contra ellos.

ENTENDER Y ACTUAR EN CONTRA DEL ABUSO

Imitar a Cristo implica que primero entendamos qué es el abuso, ya que podríamos creer que cualquier tipo de aflicción relacional puede considerarse un abuso del cual tenemos que ser librados. Pero no es así. Según la RAE, el abuso se define como: «hacer uso excesivo, injusto o indebido de algo o de alguien».[3] Podríamos decir, entonces, que el abuso es cuando se trata de manera inhumana a otro ser humano. Es decir, se trata de un trato que ignora, daña o silencia la humanidad de alguien más.

Para entender cuándo una situación puede ser catalogada como abuso, Diane Langberg, una psicóloga cristiana con más de cuarenta

---

[3.] https://dle.rae.es/abuso?m=form

años de experiencia, especializada en trauma y abusos, nos ayuda definiendo qué implica ser humano:

1. Ser humano es tener voz.

La voz de Dios lo creó todo. Ser creados a Su imagen significa tener un ser, una voz y una expresión creativa. El abuso del poder silencia ese ser y las palabras, los sentimientos, los pensamientos y las elecciones de la víctima. Sus deseos se ignoran y son irrelevantes. El abuso de cualquier tipo siempre daña la imagen de Dios en los seres humanos. El ser se ve destrozado, fracturado y silenciado, y no puede decirle al mundo quién es.[4]

2. Ser humano es estar en una relación.

Dios se hizo hombre y entró en este mundo para restablecer una relación que estaba rota. Su imagen se refleja en esa relación. Los humanos anhelan una relación segura. El poder abusivo quebranta y destroza esa relación. Trae traición, miedo, humillación, pérdida de dignidad y vergüenza. Aísla, pone en peligro, crea barreras y destruye vínculos. Hace añicos la empatía, despedaza la seguridad y rompe la conexión. El poder abusivo tiene un impacto profundo en nuestra relación con Dios y con los demás.[5]

3. Ser humano es tener poder y moldear el mundo.

Nuestro Creador nos llamó a ejercer dominio y someter. Esas son palabras de poder. «Vayan y tengan un impacto, hagan crecer las cosas, cámbienlas». El abuso anula y quita el poder. La víctima se siente inútil, incapaz e incompetente, y la pérdida de dignidad y propósito es profunda.[6]

Si el que llora cerca de nosotros ha perdido su voz, relaciones y poder, quiere decir que está viviendo bajo un poder opresivo que quiere silenciar y denigrar su humanidad. Esto deshonra a Dios y somos

---

[4] Diane Langberg; *Poder redimido: Entendiendo la autoridad y el abuso en la iglesia* (Nashville, TN: B&H Español, 2022), p. 7.
[5] *Ibid.*, p. 8.
[6] *Ibid.*, p. 8.

llamados a honrar Su imagen en otros al brindarle nuestra defensa, protección y afirmar su dignidad como ser humano. He entendido que nuestro silencio e inacción ante el conocimiento del abuso ajeno es complicidad. Como Diane lo afirma con mucha claridad:

El silencio frente a dicho mal puede ser un tipo de abuso de poder, ya que, al permanecer callados frente al dolor de otra persona, anulamos el poder que Dios nos da para decir la verdad. Dios nos pide que usemos nuestro poder verbal y que abramos la boca por los que no pueden hablar, por los que no tienen ese poder. La complicidad es la supresión del poder que Dios nos ha dado y que debía actuar en Su nombre en este mundo.[7]

> *El silencio y la inacción no deben ser una opción para el creyente.*

Algunas veces podremos defender al vulnerable de una manera rápida. Por ejemplo, ayudando a la anciana que ha sufrido un intento de robo fuera del supermercado o librar a un niño de ser golpeado por un muchacho mayor en el parque. Esas son respuestas inmediatas que es muy posible que no requerirán acciones posteriores. Sin embargo, habrá otras circunstancias más complejas en donde se necesitará más tiempo y un mayor involucramiento y valentía, como ayudar a una esposa que es golpeada por su esposo o a un niño cuyos padres son adictos, no atienden sus necesidades básicas y permiten que su vida corra verdadero peligro. En esos casos, necesitamos hacer uso de otro medio de gracia que Dios nos ha dado: las autoridades.

Una manera en que Dios ha restringido el desenfreno total de la injusticia en la tierra es por medio de las autoridades. Él ha constituido toda autoridad en la tierra.

Porque los gobernantes no son motivo de temor para los de buena conducta, sino para el que hace el mal. ¿Deseas, pues, no temer a la autoridad?

---

[7] *Ibid.*, p. 14.

Haz lo bueno y tendrás elogios de ella, pues es para ti un ministro de Dios para bien. Pero si haces lo malo, teme. Porque no en vano lleva la espada, pues es ministro de Dios, un vengador que castiga al que practica lo malo (Rom. 13:3-4).

Las autoridades son siervas en las manos de Dios. Puede ser que estés pensando en que muchas de ellas son corruptas; sin embargo, recuerda que Dios es soberano y, a pesar de que desaprueba su corrupción y que cada una rendirá cuentas a Él, Dios sigue usándolas (aun contra su voluntad) para nuestro servicio. Si el que llora está sufriendo de alguna clase de abuso penado por la ley, no temas dar aviso a las autoridades. Debes permitir que las autoridades hagan lo que Dios les ha llamado a hacer, y cerciórate de que se haga justicia. Incluso, cuando se consigue que el abusador tenga una consecuencia justa para sus actos en la tierra, eso puede ser un medio de gracia para su arrepentimiento y también para el consuelo de los afectados. ¡Cuántos testimonios hay de presos que fueron alcanzados por la gracia de Dios detrás de las rejas!

Es importante entender también que involucrar a las autoridades no es la única responsabilidad como iglesia. No significa que dejemos que ellas hagan todo. Podemos colaborar en el servicio al oprimido. Por ejemplo, retomando el caso del niño cuyos padres son adictos, podríamos colaborar con las autoridades al acoger al niño en nuestro hogar hasta que sus padres puedan tomar su responsabilidad o, si nunca llegara ese momento, incluso estar dispuestos a adoptar al niño. Sé que son palabras mayores, pero el amor siempre será mayor a la justicia. Hacer lo que nos corresponde más allá de nuestras propias fuerzas y capacidad sería una hermosa expresión de servicio y amor al vulnerable, un retrato del evangelio de Cristo por parte de Sus discípulos.

También quisiera recordarte que no se trata de una tarea para realizar en solitario. Dios nos ha dotado con todo lo necesario para proteger al indefenso, y nos ha dado el regalo de formar parte de la Iglesia, un cuerpo unido en la misión de hacer justicia al desprotegido. Si conoces a alguien que está siendo abusado de alguna manera, además de involucrar a las autoridades seculares, involucra también a tu pastor o algún hermano piadoso, para que juntos puedan ayudar, acoger y aconsejar con sabiduría al que llora. Velar por el vulnerable junto a uno o más hermanos ayudará a que, a pesar de los retos que puedan venir, se animen y fortalezcan mutuamente conforme a la Palabra.

Sé que ayudar y consolar al desvalido no será fácil. Abogar por el vulnerable podría ponernos en una situación vulnerable a nosotros. Estoy convencida de que es sabio cuidarnos de algunas situaciones de riesgo para no aumentar nuestra vulnerabilidad para ser dañados, pero si hay alguna situación en donde el Señor nos ha enseñado que vale la pena arriesgarnos es cuando podemos ayudar a alguien que llora por la injusticia. ¿Qué hay más digno de nuestro riesgo que el cuidado de otro ser humano creado a la imagen de Dios? Para situaciones así, Jesús también nos dice: «amarás a tu prójimo como a ti mismo» (Mat. 22:39). Jesús nos dejó Su ejemplo para que sigamos Sus pisadas. Él vino a este mundo para entregarse en vulnerabilidad hasta el punto de morir para pagar el precio por nuestra libertad.

Ama.
Ama mucho.
Ama como Cristo,
quien se hizo vulnerable para nuestra bendición.

CONSUELO EN ACCIÓN

1. Ora.

   A) Pídele al Señor por los vulnerables del mundo. Que Dios los libre del mal y los bendiga.

   B) Ora para que Dios te entregue un corazón dispuesto a morir a sí mismo para defender al vulnerable.

   C) Ora por tu iglesia local, para que sea un conducto de misericordia y justicia restaurativa en la tierra.

   D) Ora por sabiduría para saber cómo velar por la defensa de tu prójimo.

   E) Ora por fe para confiar en que vale la pena nuestro esfuerzo por el vulnerable.

   F) Ora por las autoridades; por su protección y para que obren justamente en defensa del vulnerable.

2. Actúa.

   Piensa en los sufrientes cercanos: ¿Hay alguien que esté sufriendo debido a algún abuso o injusticia? Si la respuesta es sí, ¿cómo puedes levantar la voz por esa persona? ¿Cómo puedes defender su causa y afirmar su dignidad humana? ¿Qué pasajes de la Escritura puedes compartirle para mostrarle el corazón de Dios por ella y afirmar su dignidad dada por Dios?

   Pregúntate si se quebrantó o si se está quebrantando la ley contra ella. Si es así, informa a las autoridades para que cumplan la ley. Aun si el que cometió la injusticia es creyente, él también debe recibir la sanción que la ley prescribe. Esto no significa que Dios lo haya desechado, solo que es bíblico y justo que reciba en esta tierra las consecuencias legales de sus actos. Esto podría ser parte de la misericordia de Dios para ese creyente, para refrenar su corazón y disciplinarlo para arrepentimiento y salvación.

Ocultar la injusticia es injusticia en sí. Esto deshonra a Dios, sobre todo si las injusticias son cometidas dentro de Su propia Iglesia.

3. Apoya.

Dios nos ha llamado como Iglesia a servir a las comunidades vulnerables a nuestro alrededor. ¿Hay algún ministerio en tu iglesia local que vele por el cuidado y la defensa de las comunidades vulnerables de tu sector? Si lo hay, únete y apoya; si no hay, acércate a tus pastores para ver cómo puedes participar para empezarlo.

He entendido que la defensa del vulnerable no tiene que ser una obra monumental ni formal, sino que pueden ser pequeñas acciones constantes, como dar de tus recursos, orar, visitar a los huérfanos, velar por las viudas, visitar a los encarcelados, dar agua, pan y atención a los necesitados, tratándolos como lo que son: humanos dignos de respeto y cuidado.

JESÚS ORÓ: PODER DIVINO

Aconteció que estaba Jesús orando en un lugar,
y cuando terminó, uno de sus discípulos le dijo:
Señor, enséñanos a orar, como también Juan
enseñó a sus discípulos.
(Luc. 11:1)

Hace poco, viví un día que no olvidaré jamás. La ropa estaba lista para ser empacada, compramos el adaptador universal para enchufe y conseguimos un par de *mitpajat*[1] para cubrir mi cabello. David y yo estábamos muy expectantes por la hermosa oportunidad de conocer Israel. Este viaje se planeó con casi un año de anticipación, íbamos con un diverso grupo de hermanos hispanos para ser capacitados en la situación social, política y espiritual de Israel. Una pareja ya había llegado a Israel, algunos estaban en Nueva York y otros en España para tomar el vuelo que los llevaría a Israel. El grupo de Monterrey, México, era el último en salir. Sin embargo, tan solo un día antes de nuestro vuelo, los medios anunciaron que Israel se había declarado en guerra. El viaje se pospuso, y desde el anuncio de guerra hasta el día de hoy, las noticias han estallado con

---

[1] Nombre del pañuelo o velo que usan las mujeres judías ortodoxas casadas, en cumplimiento de un código de modestia y recato conocido como *tzniut*, que requiere que esas mujeres judías cubran su cabello en público.

testimonios desgarradores que muestran tanto la depravación como el sufrimiento humano.

La situación es barbárica. Lloro por las mujeres secuestradas y violadas, por los ancianos asesinados en sus propias casas, por los niños que perdieron su vida de una manera inconcebible y por los que quedaron huérfanos. Por los hombres que dejaron a su familia por la defensa de su nación, por los sobrevivientes del holocausto que tomaron como rehenes, por los padres que perdieron a sus hijos y sus hogares y por la profundidad de la maldad humana sin Dios.

Mientras veía todos los estragos del conflicto en Oriente Medio, me inquieté grandemente y me pregunté: ¿Cómo llorar con personas que están a miles de kilómetros? ¿Qué tipo de consuelo puedo ofrecer? Hay situaciones en la vida que nos hacen sentir impotentes, como si no hubiera forma de apoyar o consolar. Pero no es así; en realidad, tenemos un arma poderosa a nuestra disposición: la oración.

⋙ EL TESORO DE LA ORACIÓN ⋘

Jesús oró al Padre diligentemente a lo largo de Su vida. Vemos a Jesús orando en muchas ocasiones: durante Su bautismo (Luc. 3:21-22), en el desierto (Mat. 4:1-11), antes de la multiplicación de los panes y peces (Mat. 14:19), antes de la resurrección de Lázaro (Juan 11:41-42), por Sus discípulos (Juan 17), en Getsemaní (Mat. 26:36-46), y cuando oró en la cruz (Luc. 23:34, 46). Estas son tan solo algunas de las oraciones registradas de Jesús. La Biblia menciona más ocasiones en donde oró, y estoy segura de que hay muchas más oraciones que no fueron registradas. La oración era parte fundamental de la vida y el ministerio de Jesús, nuestro Consolador, y Él nos enseñó que también debe ser parte fundamental de la nuestra.

Así como me sentí ante el conflicto militar que les comenté al inicio del capítulo, impotente por la distancia y por la magnitud del problema, podríamos sentir esa misma impotencia ante muchas otras situaciones de sufrimiento. Sin embrago, encuentro un principio asombroso en la oración que Jesús elevó por Sus discípulos:

Pero no ruego solo por estos, sino también por los que han de creer en Mí por la palabra de ellos, para que todos sean uno... (Juan 17:20).

Jesús no oró solamente por los discípulos que tenía a Su lado, sino también por todos los que creerían por medio de ellos. Su oración no se vio estorbada por kilómetros ni siglos. ¡Su oración nos alcanzó a ti y a mí! ¡Alcanzó a todos los creyentes de todo lugar y de todo tiempo! Aun a los que no habíamos nacido en ese tiempo y a los que todavía están por nacer. Así de potente es la oración.

> *Su oración no se vio estorbada por kilómetros ni siglos. ¡Su oración nos alcanzó a ti y a mí!*

La petición de Jesús nos enseña que la oración es ilimitada. No se ve estorbada por la posición geográfica, el nivel económico ni mis propias fuerzas o sabiduría. La oración trasciende el tiempo y el espacio. Corre libremente, sin ser estorbada ni siquiera por los corazones más endurecidos por el pecado. La oración es nuestra arma más poderosa en el consuelo, debido al poder de Aquel que está atento a ella. Debido a que nuestro Dios es poderoso, eterno, omnipresente, omnisciente y compasivo, nuestras oraciones elevadas a Su presencia en el nombre de Jesús son escuchadas y mueven Su brazo bondadoso hasta el último rincón de la existencia.

Lamentablemente, la triste realidad es que la oración es un tesoro enterrado para muchos. Unos encuentran el tesoro, pero al ver que es secreto, que su color es opaco y que carece de ostentosidad, lo dejan donde lo encontraron y continúan su camino, porque no le encuentran valor. Otros encuentran el tesoro y ven el gran valor y la belleza de la oración, pero temen que no son dignos de usarlo, por lo que vuelven a enterrarlo y continúan su camino.

El primer grupo simplemente no ha sabido valorar la oración. Cegados por la vanidad y la autosuficiencia, desprecian la sencillez y la humildad de la oración. Prefieren continuar con sus vidas sostenidas en sus propios esfuerzos. El segundo grupo reconoce que la oración es un tesoro, pero no puede disfrutarlo porque cree que no es para ellos; considera que es solo para un grupo selecto de cristianos superdotados. Si tan solo entendiéramos el valor incalculable de la oración. Si entendiéramos que los cristianos no oramos porque seamos muy fuertes o espirituales, sino porque somos débiles y dependientes del Dios que nos escucha.

La oración es, gracias a Cristo, un magnífico tesoro disponible para todos los cristianos. Lamentablemente, son pocos los hombres y mujeres que la toman con seriedad y son diligentes en su práctica. Estoy segura de que, si tan solo pudiéramos contemplar por un momento la actividad espiritual que sucede mientras oramos, no dejaríamos ni un solo día sin orar. Si comprendiéramos que verdaderamente Dios escucha nuestras oraciones y que ha instituido obrar por medio de ellas, no dejaríamos la oración como última opción, sino como nuestra primera respuesta. Orar es la prioridad para alguien que ha comprendido y experimentado su delicia y poder.

Aconteció que estando Jesús orando en cierto lugar, cuando terminó, le dijo uno de Sus discípulos: «Señor, enséñanos a orar, así como Juan enseñó también a sus discípulos» (Luc. 11:1).

¿Alguna vez habías pensado en cuán reveladora fue la petición del discípulo de Jesús? Me asombra que, de todo lo que Jesús podía enseñarles, él pidiera que les enseñara a orar. Este discípulo era testigo del poder de Jesús, por lo que su petición pudo haber sido que les enseñara a sanar a los enfermos, caminar sobre el agua, multiplicar comida, echar fuera demonios o predicar con gran sabiduría. Sin embargo, se acercó al Maestro pidiendo que les enseñara a orar. Me pregunto qué habría visto de la vida de oración de Jesús para que la deseara antes que aprender sobre cualquier otra de Sus obras. ¿Acaso lo que lo cautivó fue la postura de dependencia, amor y reverencia de Jesús al orar a Su Padre? ¿Quizás la belleza de Sus palabras y peticiones? ¿Se tratará de la frecuencia en la que oraba o la evidente respuesta a Sus oraciones? No lo sabemos, pero lo más probable es que haya sido un poco de todo lo anterior.

Seguramente, los discípulos notaron que la verdadera grandeza no estaba en los milagros de Jesús, sino en Su comunión con el Padre. Ellos vieron orar a Jesús constantemente y, en algunas ocasiones, hasta lo acompañaron. Sabían que todo lo que Jesús hacía empezaba en oración, y es probable que se sintieran atraídos por el gozo que experimentaba en Su comunión con Su Padre y por Su eficacia ministerial. Los discípulos comprendieron que no hay ninguna escuela en este mundo más importante que la de la oración. Desbordando sus corazones en asombro por la vida de oración de Jesús y también por el deseo de experimentarla, brotó de sus labios la dulce petición: «Señor, enséñanos a orar».

Gracias a la obra de Cristo, tenemos acceso directo al trono de la gracia para presentar nuestras peticiones. Jesús respondió la petición de los discípulos y les entregó el Padrenuestro como modelo de la oración (Mat. 6). Además, puso en evidencia Su corazón en el resto de las Escrituras para que aprendamos a orar conforme a la voluntad divina. Como si esto fuera poco, todavía nos dio a Su Espíritu Santo para ayudarnos a interceder cuando no sabemos cómo (Rom. 8:26). ¡Cuánta gracia!

LA ORACIÓN Y EL MINISTERIO DE CONSOLACIÓN

La capacidad de comunicarnos con Dios es uno de los medios de gracia más poderosos para los creyentes y el más grande privilegio de cual gozan Sus hijos. En el contexto de llorar con los que lloran, la oración es una herramienta especialmente poderosa. He comprobado que es un instrumento eficaz para el consuelo.

A lo largo de mi caminar en Cristo, he aprendido que la oración es un instrumento eficaz para el consuelo en dos direcciones. En primer lugar, a través de la consolación que Dios nos da mientras consolamos al sufriente y, en segundo lugar, a través de la consolación que Dios brinda al que sufre por medio de nuestras oraciones.

Mientras oraba, he encontrado nuevas fuerzas, paciencia, sabiduría, ternura y renovación espiritual y anímica para cumplir con el complejo ministerio de la consolación mutua. Pero también he orado y he sido testigo de cómo el Señor provee nuevas fuerzas, sostén, paciencia, sabiduría, ternura y renovación de Dios para el que sufre. Realmente, la oración es una herramienta esencial, tanto para el confortador como para el consolado.

La oración siempre es muy provechosa, y debemos priorizarla. He escuchado que Martin Lutero solía decir que eran tantas sus actividades diarias que pasaría varias horas en oración. Muchas veces, sacrificamos la oración por la presión de los quehaceres de la vida, o incluso por los deberes ministeriales; sin embargo, Lutero reconocía que lograba mucho más priorizando la oración. No descuidemos hacer uso de esta poderosa herramienta, pues no solamente nos ayuda a ser eficaces en nuestro servicio a los demás, sino que también somos beneficiados nosotros, porque Dios nos renueva y fortalece por medio de ella.

LA ORACIÓN Y LA SOBERANÍA DE DIOS

En capítulos anteriores hablamos sobre la soberanía de Dios y la grandeza de tener un Dios que tiene control y autoridad compasivos sobre nuestras vidas. Sin embargo, algo que he notado es que fácilmente cometemos el error de creer que, porque Dios es soberano, entonces hace oídos sordos a nuestras oraciones. Algunos llegan a excusar su falta de oración explicando que la soberanía de Dios hará que al final haga Su voluntad, y concluyen: «¿Para qué orar?». Creo que las personas que piensan así están muy equivocadas, porque debemos entender que precisamente la soberanía de Dios nos obliga y nos mueve a orar. Así como Él ha ordenado todo en la vida, también ha dispuesto que colaboremos en el avance de Su reino y en la ejecución de Su voluntad por medio de nuestra intercesión. El Dios soberano ha dejado enseñanzas clarísimas en la Escritura, donde nos ordena: «Oren sin cesar» (1 Tes. 5:17). Estamos hablando de un gran privilegio que nos permite llevar al sufriente a la misma presencia de Dios. Anhelamos que Cristo gobierne en la vida del que llora, que la buena voluntad de Dios se manifieste en su vida, que la Palabra caiga en la buena tierra de su corazón, que dé fruto y que encuentre consuelo en Dios. Entonces, para alcanzar todo eso, debemos orar.

Debo advertir que esto no significa que todas las peticiones que presentemos delante de Dios serán contestadas con un gran «sí». Algunas de nuestras peticiones no serán conforme a la voluntad del Dios soberano, por lo que nos serán negadas, pero aun cuando no recibamos las respuestas que queremos, podemos descansar en la verdad de que Él es sabio y que, si algo se nos niega, es porque Él tiene algo mejor en Su buena voluntad. ¡Gracias a Dios por Sus amorosos y soberanos «noes»! Solo piensa cuánto daño nos podríamos haber hecho a nosotros o a los demás y cuánto bien nos podríamos haber perdido si tuviéramos un dios que solo obra conforme a nuestra voluntad imperfecta. ¡Gracias a Dios porque Él es un Padre bueno que obra conforme a Su voluntad y no a la nuestra!

En el capítulo 3, vimos que es sumamente dañino ser «consoladores distractores» y dar falsas esperanzas al que sufre, pero debemos entender que es muy diferente prometerle sanidad al sufriente que pedirle a Dios que lo sane. Es bueno orar a Dios por el bienestar, la restauración y la sanidad del que llora, y hacerle saber al que sufre que estamos orando a Dios con todo nuestro corazón, porque lo que nos corresponde es acercarnos con fe a pedir, y Dios responderá de forma soberana y compasiva como bien le parezca.

Tenemos en la Biblia algunos ejemplos: Ezequías fue avisado por el profeta Isaías que iba a morir, pero él oró pidiendo más tiempo, y Dios le concedió quince años más de vida (2 Rey. 20:1-11). Muchas personas se acercaron a Jesús pidiendo sanidad, y Él sanó a muchos (Mar. 1:34). Pablo oró a Dios para que le fuera quitado su «aguijón», pero Dios se negó a hacerlo y lo consoló diciéndole: «Te basta Mi gracia» (2 Cor. 12:7-9). Aún Jesucristo, siendo el Hijo de Dios, pidió a Dios Padre que, de ser posible, pasara de Él la copa, es decir, las dolorosas consecuencias que experimentaría en la cruz al ser el sacrificio perfecto, pero Jesús quería y buscaba que se hiciera la voluntad de Dios, que no se hiciera como Él quería, sino la voluntad del Padre (Mat. 26:39). Sabemos que Dios también se negó a hacerlo, y el día de hoy damos gran gloria a Dios por ese «no».

Todos ellos pusieron en acción su fe y se acercaron a Dios con sus peticiones. Sí, algunas de las peticiones fueron negadas y otras concedidas, pero todos fueron escuchados y sostenidos por Dios en los «síes» y los «noes» que Él dispuso en Su soberanía, providencia y buena voluntad. Como John Piper explica, a veces, Dios despliega Su poder al sanarnos, y otras veces, despliega Su poder no al sanarnos, sino al sostenernos a través de nuestra enfermedad o sufrimiento.[2] Tener la seguridad de que Dios es poderoso, compasivo y escucha todas nuestras oraciones, pero que también nos protege al responder siempre conforme a Su voluntad, ¡hace que oremos con prontitud!

LLORAR EN SECRETO CON LOS QUE LLORAN

Comúnmente, reducimos el llorar con los que lloran a un ministerio meramente horizontal y visible para el sufriente, pero llorar con los que lloran incluye llorar en lo secreto delante del Padre por el dolor de mi prójimo. Estoy convencida de que no hay mejor manera de amar a otros que presentando sus nombres y sufrimientos delante del Dios que todo lo conoce, todo lo alcanza y todo lo puede. Se demuestra una profunda piedad y fe cuando una persona afligida por el dolor de otro lleva en lo secreto sus lágrimas a Dios. Por el contrario, si solamente lloramos frente al que sufre, pero nunca llevamos su caso delante de Dios, entonces estamos ejerciendo el

---

[2] John Piper, *Disability and the Sovereign Goodness of God* (Desiring God, 2012), pp. 15-16.

ministerio de consolación mutua y usando las herramientas de consuelo que Dios nos ha dejado muy por debajo de como Él desea.

Además de Cristo, alguien que ha sido un modelo para mí de una vida constante y disfrutable de oración ha sido Corita, la abuelita materna de mi esposo. Corita es una de esas personas «imán»; es decir, una a la que inmediatamente te sientes atraída y quieres tener cerca. Ella tiene la sonrisa más grande y el abrazo más cálido para todos. Siempre está buscando la manera de servir y animar a quien tenga junto a ella. Además de hospitalaria, alegre y piadosa, otra de sus características es que siempre pregunta por la condición de las personas que tenemos en común. Hace más de una década que la conozco, y jamás me he alejado de ella sin recibir un «¿Cómo están tus papás? ¿Y tus hermanos? ¿Cómo están Anke y sus hermanos?», o algo por el estilo. Ella es intencional en indagar sobre los demás y sus circunstancias. Corita toma su libreta y escribe el nombre y la necesidad en su lista de oración en cuanto se entera de alguien que esté pasando por alguna dificultad.

David y yo vivimos por un mes en casa de mis suegros mientras esperábamos la entrega de nuestra casa nueva. Ese mes fue de gran ánimo en mi devoción a Dios, ya que cada mañana podía escuchar a Corita desde nuestra habitación, mientras empezaba su día cantando himnos con fervor, y también sus murmullos de oración por cada una de las peticiones de su lista. Escucharla fue un estímulo en tres direcciones: primero, para aspirar a una comunión con Dios como la de Corita; después, para anhelar ser una intercesora que constantemente lleva los nombres de los afligidos a Dios; y, por último, fue un estímulo consolador, pues saber que había una persona presentando mi nombre y circunstancias a Dios cada mañana me recordaba que no sufría sola.

Corita entendió que la oración no es solamente nuestro deber, sino también nuestra gloria. Hablar con Dios, adorarlo y presentarle nuestras peticiones es un privilegio gratuito para nosotros, pero que le costó mucho a Cristo. Ella sabe que Dios le ha pedido orar por otros y que se complace cuando ella lo hace (Ef. 6:18; Fil. 4:6; Sant. 5:16). Ella ha aprendido que puede ir inquieta al Señor con sus oraciones y experimentar la paz de Dios y el cuidado de su corazón y pensamientos en Cristo Jesús (Fil. 4:6-7). Cuando le falta sabiduría para saber cómo tratar a los que lloran, puede pedirla a Dios, porque sabe que el Señor se la dará sin reproche (Sant. 1:5). Dios se agrada cuando ella ora en secreto, y promete que será recompensada (Mat. 6:6), que recibirá lo que pide (Luc. 11:9-10), y que el lugar propicio para encontrar el consuelo del sufriente es el trono de Dios. Todas estas hermosas razones hacen que amorosamente acuda varias veces al día para interceder por aquellos que están en su lista de oración.

Somos consoladores que están siendo perfeccionados, y sabemos que para responder al llamado divino de llorar con los que lloran, necesitamos del poder divino que está a nuestra disposición por medio de la oración. No cometas el error de creer que puedes buscar el consuelo para algún sufriente sin la guía, provisión y sustento del gran Consolador. Nunca olvides que los cristianos que más oran no son los más fuertes, sino los más conscientes de su debilidad y necesidad de Dios.

Gracias a Dios por el ministerio de consuelo mutuo, pues estoy convencida de que el Señor lo usa como un gran método de enseñanza que nos permite ver con claridad nuestras limitaciones y nos arrastra a la oración. Gracias a Dios por la oración, porque a través de ella, Dios nos capacita y nos impulsa a servir al que sufre. La oración y el ministerio de consolación trabajan en sinergia para hacernos más como Cristo y amar mejor a nuestro prójimo en medio de sus lágrimas. Recuerda que Cristo nos dio ejemplo de una vida de servicio sostenida por la vida de oración y, gracias a Su obra, tienes en la oración una herramienta poderosa para el consuelo.

¡Úsala!
Ama.
Ama mucho.
Ama como Cristo,
el cual, impulsado por el amor a Dios y al necesitado,
intercedió por nosotros delante del Padre.

CONSUELO EN ACCIÓN

1. Indaga.

¿Qué necesidad tienen los sufrientes que tienes cerca? ¿Qué necesidad tienen los sufrientes que están lejos? No temas en preguntarles directamente: «¿Cómo puedo orar por ti?». Algunas veces (sobre todo, si son creyentes), contestarán con peticiones precisas informadas por la Palabra; pero otras veces (sobre todo, si no son creyentes), no sabrán qué decirte o contestarán algo muy lejos de lo que realmente necesitan. Sin embargo, su respuesta podrá darte dirección sobre lo que hay en su corazón y tú podrás aprovechar la información para orar por ellos de una manera bíblica y, a la vez, su respuesta puede darte dirección para abrir con sabiduría conversaciones en donde podrás aplicar el evangelio directamente a su corazón.

2. Comprométete a orar.

Cuando te enteres de que alguien está pasando por alguna dificultad, no digas con ligereza que orarás por esa persona, sino que realmente comprométete a hacerlo delante de Dios. En este capítulo, exalté mucho la oración privada, pero también es un gran tesoro y consuelo la oración corporativa. Lleva tus peticiones en secreto delante de tu Señor, pero también aprovecha los tiempos que estás con el que sufre para orar juntos. Muchos me han mencionado el gran ánimo y consuelo que han recibido cuando he orado por sus peticiones junto a ellos. También para mí ha sido un gran consuelo, no solo saber que alguien ora por mí en secreto, sino también cuando alguien toma mi mano y me permite escuchar y acompañar su oración por mí.

3. Haz una lista de oración.

Esto ha sido muy útil para mí y el grupo de mujeres de mi congregación. Tener una lista nos ha ayudado a pasar del deseo de orar a verdaderamente orar. También, en lo personal, me ha ayudado a no divagar en mi mente, a no olvidar orar por alguien o algo, y a ser constante en las oraciones. Seguir una lista me ha hecho tomar con seriedad mi compromiso con la oración, a dar seguimiento al sufriente y a adorar a Dios cuando Él responde las oraciones. Haz una lista de oración. Estoy segura de que será una herramienta útil para tu ministerio de consolación y para tu vida devocional.

4. Pon un horario.

Tal como asignamos un horario para las diferentes actividades que realizamos durante el día, separar un horario para la oración nos ayudará a ser ordenados y diligentes. Seremos muy inconstantes si dejamos la oración para cuando tengamos tiempo o «ganas», pero si diariamente tenemos un horario para orar, podremos ejercer la disciplina y desarrollar hábitos de gracia que nos permitirán ser constantes en nuestro deber de oración. Debemos entender que, para orar, no necesitamos «ganas»; necesitamos disciplina. Si nos disciplinamos para hacer ejercicio y trabajar porque sabemos la importancia que tienen estas cosas y sus resultados en esta vida, cuánto más debemos disciplinarnos en la oración, que es de provecho eterno. Pon un horario diario para orar y procura tomarlo con la seriedad que le das a un compromiso importante en tu agenda.

5. Enriquece tu vida de oración.

Satúrate de las Escrituras como preparación para la oración y para nutrir tus oraciones con la Palabra de Dios.

Para mis hermanas y para mí, ha sido muy enriquecedor estudiar y orar los Salmos, porque han dado palabras a nuestras oraciones. En ese libro, encontrarás oraciones para muchas emociones, dolores y experiencias humanas. También puedes estudiar la vida de Jesús en los Evangelios, la oración modelo en Mateo 6 y las oraciones apostólicas en las cartas para enriquecer tu vida de oración. Realmente todas las Escrituras nos enseñan a orar. Nutre tus oraciones por medio del alimento de la Palabra.

Otra práctica que también ha sido un parteaguas en mi vida de oración ha sido orar con otros. He aprendido a orar al escuchar las oraciones de mis hermanos. También he podido ser más constante en la oración cuando oro junto a ellos. Con ellos, comparto listas de oración y me reúno para orar. Esta práctica ha enriquecido grandemente mi caminar en la oración. Recuerda que nos necesitamos unos a otros; no hagas de la oración una tarea exclusivamente individual. Invita a alguien a hacer una lista de oración compartida y oren juntos. Esta práctica compartida te animará a ser diligente, y también podrán celebrar juntos los síes y los noes de Dios.

JESÚS HABLÓ:
SABIDURÍA DIVINA

La congoja en el corazón del hombre lo abate;
Mas la buena palabra lo alegra.
(Prov. 12:25, RVR1960)

Marcelo, un joven soñador, diariamente se detenía en el viejo gimnasio a observar a los hombres que entrenaban con esmero para superar el récord de levantamiento de peso muerto. Allí conoció a Alex, un experimentado levantador de pesas profesional. Marcelo quedó cautivado por el musculoso gigante, cuyos brazos daban testimonio de años de inquebrantable disciplina. El anhelo de Marcelo era ser como él. Su deseo se hacía palpable en sus ojos ansiosos y en su constante búsqueda de consejo para algún día alcanzar su sueño.

Alex decidió enseñarle una lección trascendental. Sentados juntos en un rincón del gimnasio, el gigante musculoso y el joven soñador compartieron un diálogo profundo. Alex, miró fijamente a Marcelo y le dijo: «Marcelo, es entendible que anheles tener músculos como los míos y la potencia que he forjado con años de disciplina. Pero hoy quiero que comprendas que, en la vida, hay una lección aún más esencial por aprender. He notado la forma en que observas mi fortaleza, mi capacidad para elevar cargas colosales, pero ignoras los estragos que causé en mi juventud debido a la falta de control en otro miembro también poderoso, pero aún más vital: la lengua.

»La lengua, amigo mío, es el órgano con más necesidad de disciplina, un miembro de tal magnitud que tiene el poder de levantar o desmantelar imperios, de nutrir o destruir almas. Durante mi juventud, entregué mis años al entrenamiento de mi cuerpo, mientras mi lengua desatada y sin reinado profería palabras hirientes y despiadadas. Herí a mi esposa, ahuyenté a mis hijos y alejé a aquellos que más amaba.

»Marcelo, anhelas seguir mis pasos y estoy seguro de que lograrás ser un gran levantador si mantienes la misma determinación y esfuerzo. Pero recuerda, en esta travesía que es la vida, la disciplina de la lengua es primordial. La fuerza y la disciplina de un cuerpo pueden inspirar reconocimiento y admiración, pero el dominio de la lengua puede forjar amistades, consolar al afligido, sanar heridas, edificar el alma y preservar el amor».[1]

Disciplinar la lengua es fundamental, en especial si aspiramos a ser instrumentos de consuelo y edificación para los demás. Deliberadamente, he reservado este tema para el último capítulo de las prácticas de Jesús en el consuelo, pues estoy convencida de que, entre todas ellas, el hablar requiere mayor sabiduría y respeto debido a su potencial tanto para dañar como para sanar. No debemos olvidar la advertencia que nos da Santiago: «¡Pues qué gran bosque se incendia con tan pequeño fuego!» (Sant. 3:5). Nuestra lengua tiene el poder para edificar y también para destruir. No me sorprende que, después de hablar de la lengua, Santiago hable de la sabiduría celestial. Sin duda, necesitamos sabiduría divina para que los frutos de nuestros labios produzcan alegría y bendición a los que sufren, y no traigan tristeza y destrucción.

---

[1] Esta es una historia finticia.

JESÚS USÓ PALABRAS PARA CONSOLAR

He observado en la Iglesia el surgimiento de una tendencia que enfatiza que no debemos usar palabras para consolar, argumentando que basta nuestra mera presencia. Si bien es cierto que hay momentos para el silencio, no debemos pasar por alto que también hay momentos en los que es necesario hablar. Comprendo la razón por la que esta enseñanza está ganando relevancia. Soy consciente de que hemos hecho mucho daño a través de palabras hirientes en el pasado y que, de todas las heridas que hemos causado como consoladores ineficaces, un gran porcentaje ha sido por medio de nuestra lengua. Sin embargo, considero que debemos ser precavidos con llevar esta idea al extremo, ya que la Palabra nos muestra que Jesús efectivamente utilizó las palabras como una herramienta valiosa para consolar. Debemos aspirar a la madurez en el uso de nuestra lengua y, para eso, debemos ser modelados por el ejemplo de Jesús. Podemos aprender de Él a utilizar bien nuestras palabras y así, en vez de simplemente mantenernos en silencio y negar el consuelo verbal, maravillarnos por la asombrosa capacidad de hablar que Dios nos otorgó al hacer un uso sabio de Su hermoso regalo para el consuelo mutuo.

Como mencionamos antes, Jesús lloró cuando María se postró a Sus pies para lamentar la muerte de su hermano Lázaro. Sin embargo, Marta se acercó primero llorando y Jesús le respondió con palabras. A diferencia de lo que algunos podríamos pensar, Jesús no se quedó en un silencio respetuoso ante el dolor de Su amiga, ni consideró que las palabras fueran innecesarias o imprudentes en ese momento. Amorosamente, le dijo:

… *«Yo soy la resurrección y la vida; el que cree en mí, aunque esté muerto, vivirá. Y todo aquél que vive y cree en mí, no morirá eternamente. ¿Crees esto?»* (Juan 11:25-26, RVR1960).

A Jesús lo conmovieron profundamente las lágrimas de otros y por eso lloró junto a ellos. Pero también se interesó tanto por el sufrimiento de quienes lo rodeaban que habló palabras de esperanza para consolar a Sus amigos.

En múltiples ocasiones, Jesús consoló con palabras. Consoló a los sufrientes por medio de las bienaventuranzas. Consoló a la mujer adúltera: «Yo tampoco te condeno. Vete; y desde ahora no peques más» (Juan 8:11), y consoló al ladrón arrepentido, prometiéndole que estaría con Él en el paraíso (Luc. 23:43). Consoló a Sus discípulos prometiéndoles el Espíritu Santo, les aseguró Su amor y paz y Su presencia continua (Mat. 28:20), y Su victoria sobre el mundo y sus aflicciones (Juan 16:33). También consoló a los turbados de corazón al instarlos a no temer y confiar en Él en medio de sus preocupaciones (Juan 14:1). Estos son tan solo algunos ejemplos; la Palabra registra muchas más ocasiones en que Jesús usó palabras para consolar. Tal como las palabras de Jesús, las nuestras pueden ser una gran herramienta de consolación.

Los labios de Jesús son un río de palabras que fluyen brindando consuelo, esperanza y paz. Jesús es el Verbo de Dios y la sabiduría de Dios (1 Cor. 1:24), todo lo que Él habla es la perfecta provisión para la necesidad humana (Mat. 4:4). Sin embargo, a diferencia de Jesús, tú y yo tenemos una desventaja. La presencia de pecado y nuestra limitación humana nos hacen vulnerables a hablar palabras insensatas y destructivas, pero tenemos la gran esperanza de que Dios nos dejó Sus palabras por escrito en las Escrituras. ¡Tenemos acceso al consejo perfecto de Su sabiduría!

LA PALABRA DE DIOS
≫≫ **BRINDA CONSUELO** ⋘

La Palabra de Dios es la herramienta por excelencia que Dios nos dio para el consuelo. El mismo Pablo lo confirmó, diciendo:

Porque todo lo que fue escrito en tiempos pasados, para nuestra enseñanza se escribió, a fin de que por medio de la paciencia y del consuelo de las Escrituras tengamos esperanza (Rom. 15:4).

También el salmista hizo una afirmación sorprendente:

Este es mi consuelo en la aflicción: Que Tu palabra me ha vivificado (Sal. 119:50).

La Palabra de Dios nos brinda consuelo y esperanza en medio del sufrimiento. Tiene el poder de sostener y revitalizar a quienes están pasando por aflicciones. Por lo tanto, lo más sensato que podemos hacer es compartir la Palabra de Dios con aquellos que están sufriendo a nuestro alrededor.

En capítulos anteriores, vimos que antes de sentarnos en la silla de la verdad, debemos sentarnos en la silla de la compasión. Pero no dejemos tampoco de sentarnos en la silla de la verdad. Siempre debemos aplicar la misericordia y la verdad, que son como las dos caras de una misma moneda. David lo dice con las siguientes palabras: «Mas tú, Señor, Dios misericordioso y clemente, lento para la ira, y grande en misericordia y verdad» (Sal. 86:15, RVR1960). Compadecernos del que sufre nos ayudará a recordarle la gloriosa y esperanzadora verdad de Dios con la sensibilidad y amor necesarios.

⫷ DE LA ABUNDANCIA DEL CORAZÓN, HABLAMOS ⫸

Nuestras palabras son importantes. Sobre todo, son importantes las que hablamos a un alma afligida. Pero no debemos ignorar que nuestras palabras son tan solo un fruto que se produce en nuestro corazón. Las Escrituras nos enseñan que lo que decimos revela la condición de nuestro interior, porque «de la abundancia del corazón habla [la] boca» (Luc. 6:45). Las palabras que salen por nuestra boca son realidades que nacen en nuestro corazón. Es por eso que debemos prestar atención a nuestras palabras, pero aún más a lo que amamos y creemos, pues nuestras convicciones más profundas se reflejarán por medio de nuestra lengua.

¿Qué estás hablando? Has un ejercicio y reflexiona en las palabras que has pronunciado en estos días. Si hicieras un recorrido desde tus palabras hacia tu corazón, ¿qué encontrarías? ¿Qué tipo de palabras o frases son más abundantes en tu corazón? Si la respuesta no es Cristo, Su evangelio y una vida piadosa, seguramente falta que el reino de Dios brille con mayor intensidad en tu corazón. Esto no significa que los cristianos hablemos de Jesús todo el tiempo, pero sí que busquemos que cada palabra que hablemos sea para la gloria de Dios y conforme a Su verdad.

Es necesario que primero abunden las Escrituras en nuestra mente y corazón para que, del depósito de nuestra alma, fluyan palabras de consuelo y edificación para brindar esperanza al que sufre. Clama a Dios, pídele que te permita atesorar a Cristo y Su Palabra, pues nada es más deseable para un cristiano que la abundancia de la Palabra de Dios en su mente y corazón. Cuando sea así, te aseguro que serás satisfecho y que el fruto de tus labios será bueno para los que lloran.

LA AMISTAD PROPICIA LAS PALABRAS

Cuando hablamos la Palabra de Dios con fidelidad, siempre transmitimos una verdad consoladora, pero me he dado cuenta de que nuestras palabras suelen ser mejor recibidas cuando se ofrecen en un contexto de amistad, lo cual potencializa la efectividad del consuelo.

No cometamos el error de tratar de consolar a los afligidos como si fueran nuestro proyecto ministerial. El consuelo no tiene que ver contigo ni conmigo; se trata del sufriente. Llorar con los que lloran es amar al otro, y ese amor se vive mayormente en el contexto de la amistad. Debemos cultivar relaciones profundas de amistad, donde el consuelo mutuo florezca naturalmente. Nosotros estaremos mucho más dispuestos a escuchar cuando el que nos habla es un amigo que conocemos, que ha compartido con nosotros sus luchas, dolores, logros y alegrías, que conoce nuestras inseguridades y temores, nuestras circunstancias y sueños y, sobre todo, alguien a quien amamos y que estamos seguros de que nos ama. La confianza que una amistad construye permite que, aun las palabras que no queremos escuchar, sean mejor recibidas.

El ardor de la prueba hace que seamos tentados a cerrar nuestro corazón a las palabras de otros, pero el corazón duro suele suavizarse con el bálsamo del amor. Por lo tanto, es importante que tus palabras estén saturadas de Cristo, pero que también estén acompañadas con tu presencia intencional y amistosa en la vida de los demás.

EL DOLOR COMO MEDIO DE EVANGELIZACIÓN

Dios susurra y habla a la conciencia a través del placer, pero le grita mediante el dolor: el dolor es su megáfono para despertar a un mundo sordo.[2]

El sufrimiento, incómodo compañero, es con mucha frecuencia un siervo de Dios, quien nos sacude y guía nuestros pasos hacia Él, impulsándonos con ímpetu en Su dirección. Es necesario tener en mente este propósito a la hora de ofrecer consuelo. Si verdaderamente deseamos el bien del sufriente, necesitamos entender que siempre se encontrará en dirección a Dios.

> *El sufrimiento, incómodo compañero, es con mucha frecuencia un siervo de Dios, quien nos sacude y guía nuestros pasos hacia Él, impulsándonos con ímpetu en Su dirección.*

Nosotros podemos colaborar con Dios en el sufrimiento cuando guiamos hacia Él al que llora, sembrando las semillas del evangelio

---

[2] C. S. Lewis, *El problema del dolor* (Madrid, España: Ediciones Rialp, 2016), p. 60.

en su corazón. Como dije al principio, es sumamente necesario depender de Dios y de Su sabiduría para hacerlo con gracia, y evitar ser parlanchines insensibles que atacan con «bibliazos» en vez de consolar.

Cristo nos dio ejemplo para que hagamos uso de la lengua en el ministerio de consolación. Pide a Dios sabiduría para poder discernir cuándo es tiempo de hablar y para que tus palabras estén llenas de gracia, sean precisas y den fruto de consuelo abundante. Para que tus palabras sean instrumentos de consuelo y edificación, tiene que abundar la Palabra de Dios en tu corazón.

Ama.
Ama mucho.
Ama con palabras.
Ama como Cristo,
quien ante el dolor y la desesperanza del sufriente,
habló palabras de esperanza.

CONSUELO EN ACCIÓN

1. Ora.

   Pídele al Señor de las Escrituras que te brinde una mayor apreciación y entendimiento de Su Palabra, y sabiduría para que tus palabras sean cada vez más conformadas a la suya.

2. Desarrolla hábitos de lectura y memorización de las Escrituras.

   Comprométete con el estudio serio de la Palabra. Crece en la lectura de la Palabra en su contexto. Para ello, te animo a leer diariamente porciones más largas para que obtengas una mayor apreciación y entendimiento bíblico. No olvides que toda la Palabra nos apunta a Cristo. Haz uso de los recursos a tu disposición para aprender a leer toda la Escritura con los lentes de Jesús y Su evangelio.

3. Adora.

   Las Escrituras nos llevan a adorar a Dios. Recuerda que la Biblia no es un manual para llorar con los que lloran; es la ventana por la cual se nos revela el carácter y la belleza de Dios. Separa diariamente un tiempo para meditar en las verdades acerca de Dios y para agradecer y adorar a Dios en toda Su grandeza.

4. Busca tres versículos específicos que den esperanza directa al sufrimiento del que llora cerca de ti.

   Medita en las verdades que esos versículos hablan y en cómo dan esperanza al dolor de tu prójimo.

5. Habla.

Acércate a la persona que sabes que está pasando por dificultades esta misma semana. Invítala a tu casa para tomar un café o visítala en su hogar. Prepárate para entablar una conversación que vaya más allá de lo trivial y sea significativa. Comparte palabras de aliento y consuelo basadas en la sabiduría que has encontrado en esos tres versículos específicos que mencioné en el punto 4, para guiarla a la esperanza divina que trasciende su dolor y el de todos nosotros.

Utiliza los recursos a tu disposición para hablar constantemente palabras de consuelo y esperanza. Comprométete a enviarle un mensaje a esta persona o hacerle una llamada una vez por semana para preguntar cómo se encuentra. Recuérdale que estás orando por ella, que confías en que Dios la sostiene y que estás para apoyarla. También comparte con ella una verdad bíblica que pueda brindarle esperanza directamente a su sufrimiento.

EL COMPLEJO MINISTERIO DE CONSOLACIÓN

El amor es paciente, es bondadoso. El amor no tiene envidia;
el amor no es jactancioso, no es arrogante.
No se porta indecorosamente; no busca lo suyo,
no se irrita, no toma en cuenta el mal recibido.
El amor no se regocija de la injusticia,
sino que se alegra con la verdad.
Todo lo sufre, todo lo cree,
todo lo espera, todo lo soporta.
(1 Cor. 13:4-7)

El ministerio de consolación es complejo por las situaciones complicadas que debe enfrentar, pero existen momentos en los que se vuelve especialmente desafiante. Cuando enfrentamos estos momentos, es fundamental depender aún más de Dios para recibir Su amor, cuidado, justicia, poder, sabiduría y afecto divinos, a fin de poder brindar el apoyo requerido a quienes sufren. Puedo identificar tres escenarios que complican el acto de «llorar con los que lloran». Esos contextos me llevaron a buscar orientación de hermanos maduros para encontrar respuestas que nos ayuden a navegar con sabiduría los momentos sumamente complejos de aflicción de otros.

CUANDO SUFREN POR SU PECADO

Cuando me preguntan sobre el tema del cual estoy escribiendo, muchas personas suelen compartirme los temas que consideran importantes para abordar. Perdí la cuenta de cuántos me han expresado algo similar a esto: «Está bien que hables de llorar con los que lloran, pero no olvides mencionar que hay quienes sufren por su propio pecado; a ellos no debemos mostrarles compasión, sino reprensión».

Es cierto que algunas personas experimentan sufrimiento como resultado directo de sus acciones pecaminosas y sus consecuencias. No obstante, cuanto más reflexiono sobre esa afirmación, más me doy cuenta de la distancia que puede existir entre el estado de nuestros corazones y el corazón de Cristo. Lo primero que viene a mi mente son las palabras de Pablo inspiradas por el Espíritu Santo:

Pero Dios demuestra Su amor para con nosotros, en que siendo aún pecadores, Cristo murió por nosotros (Rom. 5:8, énfasis personal).

¿Qué sucede en el corazón de Jesús cuando ve a un pecador? Espero que por medio de este libro y los muchos versículos que hemos visto, estés convencido de que lo más abundante ahí es la compasión y la misericordia de Dios. Es verdad que habrá un día en donde la ira de Dios será justamente derramada sobre todos aquellos que rechazan a Cristo y aman su pecado, pero hoy todavía hay gracia y el Señor soberano aún sigue compadeciéndose de los pecadores y alcanzándolos para salvación. Jesús se compadece del pecador, y tú y yo somos los primeros.

Palabra fiel y digna de ser recibida por todos: que Cristo Jesús vino al mundo para salvar a los pecadores, de los cuales yo soy el primero (1 Tim. 1:15).

¿Recuerdas el relato de la mujer adúltera expuesta por los fariseos? A pesar de que su sufrimiento y vergüenza eran el resultado de su vida pecaminosa, nuestro bondadoso Redentor no se alejó horrorizado por su impureza, ni permitió que la castigaran los testigos malintencionados. En cambio, la miró con tierna compasión, y con palabras misericordiosas, le dijo: «Yo tampoco te condeno. Vete; y desde ahora no peques más» (Juan 8:11).

- Jesús manifestó Su amor: «Yo tampoco te condeno».

- La exhortó misericordiosamente a dejar el pecado: «vete; y desde ahora no peques más».

- No es Su condena ni Su rechazo, sino Su bondad lo que nos guía al arrepentimiento: «¿O tienes en poco las riquezas de Su bondad y tolerancia y paciencia, ignorando que la bondad de Dios te guía al arrepentimiento?» (Rom. 2:4).

Nunca olvidaré cuando David me compartió con lágrimas en los ojos una experiencia que usó Dios para darle una gran enseñanza. David vio a un indigente en una situación inhumana: ropa sucia, cabello enmarañado y rostro cubierto de tierra. Conmovido por compasión, le ofreció dinero, pero al mismo tiempo, se dio cuenta de que lo hacía con el deseo de mantener cierta distancia, debido a la repulsión que sentía. En ese instante, pudo verse reflejado en ese hombre, y me dijo: «Karen, ante Dios, yo estaba en una peor condición que este pobre indigente, y Dios tiernamente me ayudó, pero no desde lejos, sino lo más cerca posible. Él no sintió repulsión por mí; me recibió como a un hijo y me limpió». David terminó abrazando al indigente y se fue de ahí asombrado al máximo por el corazón de Dios inclinado hacia pecadores como nosotros.

La famosa parábola del hijo pródigo es reconocida por ser un hermoso retrato del corazón bondadoso de Dios hacia el pecador. De seguro conocen la historia, pero haré un resumen breve. Un hijo se fue de la casa de su padre luego de recibir su herencia por adelantado y la derrochó de inmediato, perdiendo todo lo que tenía. Pasaron los días y su condición empeoraba por las carencias que vivía. Arrepentido por su lejanía, decidió regresar sin esperar volver a su situación anterior. Sin embargo, tan pronto su padre lo vio venir desde lejos, corrió hacia él, lo recibió con brazos abiertos y después lo honró como el hijo que se había perdido, pero que había vuelto para su alegría.

Esta historia nos entrega una lección muy hermosa. Dios nos recibe sucios y nos limpia con Su abrazo. Cuando el que sufre por su pecado está cerca de ti, recíbelo con tierna compasión y muéstrale la gracia de tu Padre. No te escandalices por su pecado; recuerda que la gracia que él necesita es la misma que te alcanzó y que te sigue alcanzando diariamente. Por supuesto, somos llamados a ayudar a las personas a abandonar su pecado y vivir para Dios, pero no olvides que el medio por el cual podemos hacerlo es a través de la bendita y transformadora gracia de Dios (Tito 2:11-13). Predica el evangelio de la gracia y sé ejemplo de él, confiando en que Dios es el que recibe, perdona y limpia a los pecadores. Esa fue exactamente la orden que Jesús les dio a Sus apóstoles cuando los envió en su primera misión:

Y cuando vayan, prediquen diciendo: «El reino de los cielos se ha acercado». Sanen enfermos, resuciten muertos, limpien leprosos, expulsen demonios; de gracia recibieron, den de gracia (Mat. 10:7-8, énfasis personal).

CUANDO LOS QUE LLORAN NOS HACEN LLORAR: PACIENCIA DIVINA

A veces lloramos por el dolor de nuestro prójimo, pero, en otras ocasiones, cuando intentamos apoyar a quienes están sufriendo, nosotros mismos terminamos heridos por ellos. Esto puede ser especialmente complicado cuando tratamos de compartir el llanto con aquellos que están sufriendo.

Les pedí consejo a mis buenos y sabios amigos Susi y Mario, quienes me ayudaron a llegar a algunos aspectos importantes de considerar cuando los que lloran nos hacen llorar.[1]

---

[1] Esto es evidencia de la gran gracia y sabiduría que hay en poder contar con nuestros hermanos en la fe para el ministerio de consolación. Gracias a Dios, no estamos solos.

1) No lo tomes personal

Debemos esforzarnos por evitar enfadarnos cuando sufrimos, pero es una realidad que nuestra debilidad humana nos hace perder nuestros filtros durante tiempos de aflicción. Nos preocupamos menos por mantener una buena impresión ante los demás, lo cual podría llevarnos, por ejemplo, a hablar sin pensar o a ignorar llamadas y mensajes sin disculparnos. También es común que pasemos largos períodos absortos en nuestros pensamientos, desconectados del mundo y de la realidad más allá de nuestro sufrimiento. Por lo tanto, como consolador, debes considerar seriamente la posibilidad de que al intentar consolar a alguien que está sufriendo, tú también puedas resultar herido. Es posible y es más común de lo que crees. Es mejor que te prepares y hasta lo esperes.

Para muchas personas, la reacción al dolor es responder bruscamente y herir. Algunos piensan que si ellos sufren, entonces otros deben sufrir también, o que nadie más puede estar alegre si ellos lloran. Muchas veces, esto no es intencional y ni siquiera consciente. Puede ser que la persona haya crecido con el ejemplo de un papá que llegaba abrumado por el trato de su jefe y hería al resto de la familia, o que todos pagaban las consecuencias si su mamá tenía un mal día. Una persona herida... hiere. No lo tomes en forma personal. No tiene que ver contigo ni se trata de ti. Pídele a Dios Su ayuda para poder ver la situación con la madurez emocional necesaria. Entiende que no se trata de ti, sino del que sufre y de su dolor.

2) Reconoce el proceso

Tendemos a querer ver resultados inmediatos de nuestra consolación, pero debemos entender que se trata de un proceso. Hemos hablado sobre la necesidad de hablar palabras de verdad y esperanza, pero debemos entender que el fruto de las semillas que plantamos puede tardar mucho tiempo en asomarse. Lo que te toca es perseverar en amor durante toda la longitud del proceso; persevera en el amor. Ese amor poco a poco te puede dar entrada al corazón endurecido del sufriente.

Si nuestro desempeño como confortadores depende del desempeño o los resultados del sufriente, nos desanimaremos rápidamente y nos convertiremos en consoladores ineficaces que no se parecerán en nada a nuestro Señor. En cambio, si nuestro desempeño como confortadores depende del desempeño fiel de nuestro gran Consolador hacia nosotros, seremos consoladores compasivos dispuestos a amar de forma sacrificial y paciente a los que lloran por el tiempo que sea necesario.

3) Reconoce tu pecado

Recuerda que llorar con los que lloran no se trata de ti. A veces, nos acercamos al sufriente con expectativas y deseos personales incorrectos. En lugar de ofrecer apoyo desinteresado, lo hacemos con la esperanza de obtener algo a cambio. Creemos que si les brindamos nuestras lágrimas en su dolor, ellos valorarán nuestras buenas intenciones, pensarán bien de nosotros y hasta nos mostrarán después gratitud, lealtad y reconocimiento. Sin embargo, cuando no recibimos lo que esperábamos o, peor aún, enfrentamos ofensas, tendemos a sentirnos frustrados o distanciarnos de los que sufren. La verdad es que no debemos esperar nada de aquellos que están pasando dificultades. El amor busca dar, mientras que el egoísmo espera recibir.

> *El amor busca dar, mientras que el egoísmo espera recibir.*

Si te frustra grandemente la actitud o las respuestas del sufriente hacia ti (a pesar de todo lo que haces a su favor), es probable que esté operando tu pecado. Si te enojas o actúas pecaminosamente ante la actitud o los actos del que sufre, entonces hay algo poco santo que buscas defender u obtener; de allí tu frustración ante un aparente fracaso. Puede ser que tu pecado de egoísmo te esté cegando a la necesidad de la persona y su vulnerabilidad en ese momento. Pídele a Dios humildad para amar sin ningún interés escondido y estar dispuesto aun a recibir corrección por parte del sufriente. No olvides que, aunque haya dolor en él, puede haber verdad en sus palabras, y debemos tomarlas en consideración y oración.

4) Reconoce tus limitaciones

Sé auténtico contigo mismo. No eres llamado a ser Cristo para los demás. Jesús nos ha llamado a llevar nuestra cruz cada día, pero esto no significa que todas las cruces que veas están allí para que tú las cargues. Reconoce tus limitaciones. Reconoce que eres limitado en la ayuda que puedes brindar y que no siempre eres la mejor persona para hacerlo. Pregúntate si Dios te ha dado lo necesario para llevar la carga de ese sufriente:

- Disponibilidad de tiempo.

- Oportunidad y cercanía.

- Madurez emocional y espiritual para enfrentar su situación.

- Recursos materiales e inmateriales para ayudar.

Si la respuesta es no, quizás lo mejor sea que acudas a tu pastor o algún hermano maduro en la fe para que te ayude con la tarea. En algunas ocasiones, lo más sabio será retirarte por el bien del sufriente y para tratar tus carencias con Dios. Esto no quiere decir que llorar con los que lloran no requiera de sacrificio, claro que sí. Pero también es un llamado a ser sabios y reconocer nuestras limitaciones, sabiendo que tenemos a un Dios poderoso y atento al que sufre, y tenemos hermanos que pueden ayudarnos en el ministerio de consolación.

SUFRIR CON LOS DEMÁS MIENTRAS SUFRIMOS: AMOR DIVINO

Algunos piensan que el ministerio de consolación solamente se puede llevar a cabo por aquellos que están libres de sufrimiento. Creen que el que sufre necesita solamente recibir consuelo y no darlo. Tal vez tú seas uno de los que creen que tu sufrimiento actual te descalifica del ministerio de consolación, pero es todo lo contrario.

Precisamente porque caminamos juntos en el sufrimiento, también podemos caminar juntos por el sendero del consuelo.

[Dios] nos consuela en todas nuestras tribulaciones, para que también nosotros podamos consolar a los que están en cualquier aflicción, dándoles el consuelo con que nosotros mismos somos consolados por Dios (2 Cor. 1:3-4).

Nuestro sufrimiento nos capacita para recibir el consuelo de Dios, y ese consuelo nos capacita para consolar a otros. Recuerdo con mucho cariño y asombro a Lety, la mamá de Anke. Ella nunca dejó de estar pendiente de mí durante mi lucha con la infertilidad, ni siquiera cuando estaba en etapa terminal de cáncer. Recuerdo su cuerpo sumamente débil, y cuando me acercaba para saludarla y animarla, ella terminaba animándome a mí. Nunca dejó de orar por nosotros ni de interesarse por el estado de mi corazón ante Dios. Me mostró que llorar con los que lloran no es un tema de fuerza o bienestar, sino de amor. Me amó tanto que aun en medio del sufrimiento que la consumía, pensaba en mí.

Nosotros somos sufrientes que están aprendiendo a sufrir con los demás en sus distintos sufrimientos. Estamos llamados a amar de tal manera que compartamos lágrimas con aquellos que están sufriendo, incluso cuando nosotros mismos tengamos motivos personales para llorar.

CONCLUSIÓN

LLORA CON EL QUE LLORA

Acompáñame y embarquémonos en una última travesía a través de los océanos inconmensurables del corazón divino. Tras contemplar la profunda compasión de Dios en el Antiguo Testamento para luego ascender a la cima de Su amor en la cruz y después descender a la sublime demostración de Su misericordia a través de la generosa donación de Su Espíritu, te pregunto:

¿Puedes percibir que los afligidos ocupan un lugar central en el corazón de Dios?

¿Puedes escuchar el corazón compasivo de Dios llamándonos a llorar con los que lloran?

Comencé este libro diciendo que el pecado no solo trajo muchos sufrimientos, sino que también vino a cegarnos e insensibilizarnos ante el sufrimiento de los demás. Pero ¡gloria a Dios!, porque Su gracia no solo nos trae gran consuelo, sino que también nos capacita para llorar con los que lloran. Si tan solo pudiera escoger una lección de entre mis limitadas palabras para que se imprima en tu corazón, sería la siguiente:

Necesito experimentar diariamente el amor de Dios para poder amar al sufriente como Él lo hace.

Somos llamados a amar en medio de un mundo carente de amor sincero. Aunque el egoísmo triunfe en las agendas y los afectos, los cristianos somos llamados a detenernos para sufrir con los que sufren. Llorar con los que lloran es una expresión natural del amor que Cristo ha derramado en nuestros corazones, y esa clase de amor desinteresado y divino es el distintivo del consolador compasivo.

En esto conocerán todos que son Mis discípulos, si se tienen amor los unos a los otros (Juan 13:35).

Jesús nos representa eficazmente delante del Padre y nos ha llamado a representarlo con eficacia como Su Iglesia delante del mundo. Pero, ¿cómo lograrlo? Él fue sumamente preciso con Sus palabras al señalar que la comunidad cristiana será identificada por medio de su amor mutuo. La Iglesia tiene entonces una importante misión en la que todos los cristianos estamos involucrados:

Ser la comunidad más amorosa de la tierra para servir como testimonio a quienes están fuera de nuestra fe, para brindar consuelo a nuestros hermanos y para glorificar a Dios.

Hace un tiempo vi un video en el que la autora Rosaria Butterfield compartía algo que me hizo reflexionar profundamente.[1] Rosaria, quien antes de convertirse a Cristo formaba parte de la comunidad LGTB, destacó que el gran desafío que afrentamos es que aquellos que están sufriendo encuentren en la Iglesia más amor del que hallan en las comunidades de allá fuera.

Ella explicaba que no podía negar que antes encontraba un fuerte sentido de pertenencia y comunidad en el mundo LGTB, algo que, lamentablemente, no siempre se encuentra en muchas congregaciones cristianas. Esto me recordó también una conversación que tuve hace algunos años con Felipe, mi amigo y pastor, quien me compartió que experimentó una profunda tristeza durante los primeros años de su fe porque encontraba más amor y camaradería en la pandilla de su vecindario que en la iglesia. Sin duda, esta es una triste y dura realidad más común de lo que imaginamos, una situación que debe llevarnos a derramar lágrimas de rodillas frente a

---

[1.] https://www.youtube.com/watch?v=xVF3KzuCKVI

la cruz de Cristo y el trono de la gracia en arrepentimiento y súplica por una urgente transformación.

Roguemos al Señor que usemos los ojos que Dios nos dio para ver al sufriente y sentir su necesidad hasta el punto de derramar lágrimas con él.

Pidamos al Señor que usemos los oídos para escuchar sus dolores y percibir sus corazones cargados.

Supliquemos al Señor que podamos usar la boca para hablar palabras sazonadas con gracia y consuelo para darles esperanza.

Clamemos a Dios para que usemos nuestros brazos para sostenerlos y rodearlos.

Oremos fervientemente para que seamos los que están dispuestos a salir de su comodidad y ensuciarse para levantar al desesperanzado del polvo.

Oremos para seamos los que se acercan diariamente al trono de la gracia para aprender a amar al sufriente en su dolor.

Pidamos para que nosotros, la Iglesia, seamos conocidos como aquellos que aman como Cristo y por eso lloran con los que lloran.

Sin duda, todas estas peticiones requieren de esfuerzo y sacrificio. El ministerio de consolación requiere de una vida abnegada y humilde, pero ¿acaso Cristo no hizo lo mismo por nosotros? Cuando he querido desmayar, veo a mi Cristo constante y fiel en mis dolores y Su amor me impulsa a imitarlo.

Nunca olvidaré la ocasión en la que tuve el privilegio de caminar con una preciosa mujer a través de sus episodios de depresión, ansiedad y ataques de pánico. Me vi muy limitada en mi entendimiento de su dolor, pero aun así, decidí amarla y aprender a acompañarla. A pesar de mis investigaciones para entenderla mejor, sé que muchas veces fallé en mis actos y palabras, pero, por la gracia de Dios, ella pudo ver la sinceridad de mi amor. En un momento en donde me sentía impotente para ayudarla, ella me dijo: «Gracias, Karen, porque a través de tu cuidado e interés, he podido ver que

Dios es real, que el cristianismo es real, y que la Iglesia es real. Tu amor sincero me ha ayudado a fortalecer mi fe en Cristo». Me quedé muy asombrada por el poder del amor y muy agradecida con Dios por permitirme ser Su instrumento.

Yo también he experimentado personalmente cómo el amor y el apoyo de un hermano me han ayudado a ver con claridad el amor de Dios por mí en medio de mis propios momentos de dolor. Estoy convencida de que magnificar a Cristo es justamente lo que significa llorar con los que lloran. Magnificarlo por medio de nuestras lágrimas, consejos, aliento, abrazos y servicio. Lo hermoso es que, mientras Él es magnificado, el sufriente es grandemente consolado y beneficiado, pues sin duda, Cristo y Su evangelio son el mejor consuelo que podemos dar al sufriente.

Deseo que, a lo largo de tu vida, te encuentres entre la tensión que se presenta entre el esfuerzo y el descanso. Entre el dolor constante por la necesidad y el esfuerzo por amar y servir más al prójimo y el descanso de saber que lo que tú no puedes, lo que tú no alcanzas, lo que no conoces ni tienes, Dios sí puede, alcanza, conoce y tiene en abundancia. Le agradecemos porque Él sí es suficiente, está atento y conoce perfectamente cada corazón doliente, y está dispuesto a consolar y servir a todo aquel que se le acerque. También le agradecemos a Dios por Su Iglesia, porque jamás podríamos consolar solos. Dios la diseñó como una familia que llora con los que lloran, que ama, consuela y anima. Hay tantos corazones rotos en nuestras iglesias locales y fuera de ellas que definitivamente llegamos a la conclusión de que el ministerio de la consolación no es un trabajo exclusivo para los pastores o para unas pocas personas.

El ministerio de la consolación es de todos nosotros.

Doy gran GLORIA A DIOS por darnos el privilegio de caminar unos con otros en nuestros dolores, tal como Él lo hace con nosotros. Como dijo Pablo: «Si un miembro sufre, todos los miembros sufren con él; y si un miembro es honrado, todos los miembros se regocijan con él» (1 Cor. 12:26). Le pido al Señor que nos ayude a ser fieles en el ministerio de consolación hasta el glorioso día en el cual experimentemos el consuelo final de Dios, el fin de todo sufrimiento y el reposo eterno de los santos habitando para siempre con Dios (Heb. 4:1-11). También alabo a Dios porque Él ha prometido perfeccionar Su obra en nosotros, a pesar de nosotros. Confío plenamente en que Dios continúa formando Su corazón en el nuestro y doy testimonio de ello, pues he visto Su fidelidad obrando en la vida de los consoladores compasivos que me rodean.

> *Te invito a responder al tierno llamado*
> *de Dios a llorar con los que lloran.*

Te invito a responder al tierno llamado de Dios a llorar con los que lloran. Jesús, nuestro Maestro, cuyo corazón rebosa de misericordia y gracia, nos llama a seguir Su ejemplo de compasión. En un mundo cargado de dolor y sufrimiento, tenemos la oportunidad de ser faros de esperanza que brindan consuelo en medio de la desesperación. No subestimes el poder de un abrazo, de tu presencia y de tus palabras de aliento en momentos de aflicción. Recuerda que cuando lloras con los que lloran, estás cumpliendo el segundo mandamiento más importante: amar a tu prójimo como a ti mismo.

En cada lágrima compartida, encontramos el perfume de la gracia de Dios. En cada abrazo dado, mostramos nuestra unidad con el Cristo que sufrió. No tengas miedo de acercarte al sufrimiento de los demás, porque en ese acto sagrado, encontramos el corazón del Señor. Qué gran privilegio es participar con Él en los sufrimientos de nuestro prójimo, como conductos de Su compasión en la tierra. Que la gracia de Dios nos acompañe en este camino de amor.

Bendigan a los que los persiguen. Bendigan, y no maldigan. Gócense con los que se gozan y lloren con los que lloran» (Rom. 12:14-15, énfasis personal).

AGRADECIMIENTOS

David, gracias porque siempre eres el primero en llorar conmigo, pero gracias por compartir conmigo no solo tus lágrimas, sino también tu vida. Tu compañía es la mayor alegría de mi vida, aun cuando nos acompañamos en el valle de sombra de muerte. Tu tierna y firme compasión me hacen recordar a nuestro Salvador. Mi amor, no podría haber escrito este libro sin tu inmenso apoyo, tu ejemplo, contribuciones y oraciones. También agradezco tu paciencia con esta escritora inexperta que a menudo estaba apurada por entregar su manuscrito a tiempo. Te amo. Como me dijiste: «Tu esposa está de vuelta».

Anke, gracias por permitirme compartir contigo tus dolores y por dejarme contar tu historia. Este libro está lleno de ti. Sin duda, *Llora con los que lloran* es en gran medida el resultado de la travesía que hemos compartido. Este libro apenas rasca la superficie de todo lo que he aprendido en nuestra amistad. Aprecio cada vez que me abres tu corazón y me permites hacer lo mismo contigo. Tu amistad ha sido un apoyo constante y una fuente de alegría en mi vida. Agradezco a Dios por las lágrimas que, como hilos, tejieron nuestra hermandad. Gracias por llorar conmigo, aunque reconozco que por poco yo los hago llorar a David y a ti al pedirles leer y releer cada capítulo (y a veces, cada párrafo nuevo). Gracias por caminar conmigo.

Quiero expresar mi profundo agradecimiento a mi familia, cuyas enseñanzas sobre la generosidad, la compasión y el servicio han sido formativas en mi vida. Su ejemplo y amor han influido significativamente en mis consuelos y en mi escritura, recordándome constantemente la importancia de amar y cuidar a los demás. Este libro es un reflejo de los valores que me han transmitido y una manera de honrar su legado en mi vida. Gracias por ser una fuente constante de inspiración y apoyo.

Agradezco a mis amigos, quienes han sido una fuente inestimable de apoyo en mis momentos de dolor y han sido instrumentos de Dios para consolarme. Incluso en aquellos momentos en que quizás no supieron qué decir o hacer, su simple presencia ha sido un sólido sostén en mi vida. Este libro es en parte un tributo a la amistad y al papel vital que ustedes han desempeñado en mi camino. Agradezco por cada uno de ustedes y por ser una fuente de consuelo en los momentos más difíciles de mi vida.

También quiero expresar mi gratitud a mi iglesia local por ser un cuerpo que verdaderamente busca llorar con los que lloran. Su dedicación para poner a las personas por encima de los programas, su compromiso con los más vulnerables y afligidos y su búsqueda constante de formar a Cristo en el corazón de cada uno de nosotros es una fuente de consuelo en mi vida. Agradezco a Dios por ser parte de esta comunidad de fe que genuinamente se preocupa por los demás y alumbra con la luz de Cristo en el mundo. Gracias a mis pastores por velar constantemente por mí y por ser ejemplo y recordarme una y otra vez las palabras y el corazón de Cristo hacia los que lloran.

Agradezco a Karla de Fernández por su sabio consejo que me impulsó a comenzar a escribir este libro para mi familia, amigos e iglesia, confiando en que Dios haría con esta obra lo que dispusiera. También gracias a LifeWay por confiar en mí y permitirme escribir este libro de su lado. Pepe, gracias por tu excelente edición. Aprecio tu fidelidad a mi voz y tu ayuda para convertirme en una versión más madura y sabia de mí misma. No podría haber tenido un mejor editor para este libro. Gracias también a todos los que enriquecieron este libro con sus consejos, sugerencias y presencia en mi vida. Estoy segura de que cada uno de sus aportes embellecieron y direccionaron mi escritura.

Este libro tampoco podría ser posible sin los muchos consoladores que han llorado conmigo. Ustedes saben quiénes son. Gracias por responder al llamado de Dios a la compasión. Verdaderamente me han ayudado a encontrar consuelo y contentamiento en la historia que Dios escribió para David y para mí. Lo repito, sus consuelos me han sido más dulces que una vida sin lágrimas.

También agradezco a aquellas personas que, con la mejor de las intenciones, se acercaron para consolar, incluso si sus esfuerzos resultaron ineficaces. Desde el fondo de mi corazón, prefiero a alguien que se acerca y, a pesar de cometer errores, muestra amor, que a alguien que se mantiene distante para evitar cometer errores. Sinceramente agradezco a Dios porque aun usa experiencias dolorosas de imprudencia para recordarme que todos necesitamos Su gracia, que todos estamos en un proceso de aprendizaje y que solamente Dios es el perfecto Consolador. Si bien a veces nos entristece reconocer nuestras limitaciones humanas, también debería alegrarnos, ya que nos ayudan a ver con claridad y deseo la suficiencia de Cristo. Reconozco que, en muchas ocasiones, yo misma he sido una consoladora ineficaz, pero doy gracias a Dios por permitirnos verlo y aprender de nuestros errores. Confío plenamente en que Dios nos está perfeccionando constantemente para llegar a ser consoladores compasivos como Cristo.

Por último, agradezco profundamente a mi gran Dios y Salvador por ser la fuente de inspiración, sabiduría y consuelo en mi vida y en la creación de mi libro. Cada palabra, cada historia y cada pensamiento provienen de Su gracia inagotable. Gracias a mi Cristo por ser el Consolador de mi alma y la fuente de esperanza que impulsa este libro. Mi Señor, tú sabes que estoy de pie solamente gracias a ti y a tu constante provisión de gracia a mi vida. Gracias por amarme como no lo merezco, y gracias por permitirme escribir este libro. Te pido que lo uses como un instrumento para que se levante una iglesia más compasiva y dedicada a llevar consuelo y esperanza a los que lloran.

A ti sea toda la gloria.